【マネジメントの基本】選書

人を育てる一〇〇の鉄則

畠山芳雄
Yoshio Hatakeyama

日本能率協会マネジメントセンター

■まえがき

企業や官公庁・病院・学校など、すべての社会的組織で働く人びとは、まず先輩から教えられ育てられて一人前になり、そして次には人を育てる側にまわる。人を育てるとは、先輩から受けた自分のプラスを、今度は自分が後輩に対して返すことであり、これによって組織は永遠の生命を保って発展する。

この意味で人を育てることは、すべての人びとに共通の重要な課題であるが、実際には優れた人びとを数多く育てる人もあれば、全く育てられない人もある。育てる力の個人差は非常に大きく、ときには逆に、人をダメにしてしまう人さえある。

こと人間に関することだけに、人の育成は非常に多面的な性格を持ち、単純な合理主義だけでは片づかない。また育て上手の人のやり方というものは一種のブラックボックスのなかにあってよくわからず、それを見習うのも簡単ではないところがある。

しかしそこには、おのずから法則といえそうなものはある。この本は、私がいろいろな企業の経営者や幹部に接しているうちに、どうも育て上手の人というのはこういう共通点を持つらしいと考えたことや、私自身の後輩指導の成功失敗から学んだことを一〇〇項目に分け、整理したものである。

最近はＯＪＴが重要だということがよくいわれる。これには全く同感であるが、ではＯＪＴとは、具体的には何をすることなのか。管理者や係長主任、職班長あるいは中堅社員が日常の仕事のなかで、部下や後輩に対し、どう行動すれば人が育つのかということは、あまりはっきりしているとはいえない。

ＯＪＴは昔から組織のなかで、優れた指導者によって行われてきた。この本は要するに、部下や後輩を持つ人びとの、ＯＪＴ活動向上の一助となることを目的として書かれたものである。


人を育てるための考え方や方法というものは、最後は自分自身の人柄に合った自分独自のものを、自分の手でつくりあげるものだと思う。なるほどとは思っても自分にはできにくいものもある。ここに書かれていないことでも自分流のうまいやり方は、ほかにたくさんあるはずである。

人を育てるとは要するに、ともに働く部下や後輩の将来をより幸せなものにし、所属する組織をより発展させる長期的な、かつ価値ある努力である。著者としての願いは、読者がこの本を自分自身のための〝触媒〟とされ、自分流の人の育て方をつくるためにいささかでもお役に立ちたいということに尽きる。

あなたの後輩や部下育成の成功を心からお祈りし、まえがきとする。

人を育てる一〇〇の鉄則　目次

第1章 育てる心

第2章 育成の基礎づくり

第3章 育成の共通原則

第4章 新入社員の育て方

目次

第5章 中堅社員の育て方

第6章 役付き者の育て方

第7章 管理者の育て方

第8章 育て方のケーススタディ

知識労働者の育て方

第1章

育てる心

人を育てるにはいろいろな方法がある。
しかしそのテクニック以上に重要なのは「育てる心」であり、
育成とは何かという本質を正しく把握することだと思う。
方法論的には器用でも、心が不十分だと何もできない。
これは育成という問題の重要な特徴である。

1 育てるとは変化させること

――癖、能力、態度を変える

「育てる」とか「育成」とかいうのは、よく考えてみると、漠然とした言葉である。試みにあなたが、〝あなたは人を育てていますか〟と問われたとき、あなたは、〝むろん育てている〟とも言えるし、〝育てていない〟とも言える。それくらいこの言葉は、あやふやなところがある。そもそも育成とは何かがわからねば、むろん育成はできない。

育成の最終目標は、企業人および社会人としての完成度を高めることにあるが、これを実際に行う人に有用な定義は、

育成とは、相手を変化させること

であると、割り切って考えることを奨めたい。これは育成を結果から決める考え方で、いくら努力しても、その結果、相手が変化しなければ、それは育成していないという考え方である。

ここで「変化させる」のは、むろん社会人、企業人としてよりよい方向へ変えることであるが、変えるポイントは大きく分けて三つある。

① まずい癖を直す

部下や後輩が持っているまずい癖や行動の習慣を、こちらからアプローチして直し、それが気にならなくなるところまで持っていくこと。連絡が悪い、チームワークが乱れる、報告をしない

など、直すべき癖は無数にあり、これを放置すると仕事の効率や信用を落とすだけでなく、本人がまわりから信頼されなくなる。

②新しい能力をつける

今まではできなかったが、今年はできるようになったというものを、部下全員に毎年加えていく。皆、給料が毎年上がってほしいと思っている。また、誰でも向上したい気持ちを持っているのだから、全員毎年、何か新しくできることが増えていなくてはならない。新しい能力がついたかどうかは、本人がそれに自信を持ったか、こちらから見てそう言えるかどうかが基準である。

③態度を変えさせる

ものの考え方や態度が変わったかどうかということ。たとえば、次のようなことである。以前はただ無計画につっ走る傾向が強かったが、最近は最初によく準備し、はじめたら一瀉《いっしゃ》千里に手際よく片づけるようになったとか、未経験の仕事を持っていくと、すぐ「できません」と尻ごみしたが、近ごろは言わなくなり、積極的に挑戦するようになった、など。

育成を、このように「変化させること」と割り切れば、自分がそれをやっているかどうかがはっきりする。

そこでもう一度質問。

あなたは人を育てていますか？

2 部下の人生への責任——まず、殺すな

ある会社で、集合教育を終わった新人が各部に配属され、高卒のA君は営業部営業課の、内勤の係長のもとで働くことになった。

係長が何か指図すると大声で返事し、ぱっと走り出す。なかなかいい人をもらったなと満足していた係長は、まもなくあることに気がついた。それは、すぐ動くのだが、肝心のこっちの言ったことをよく聞いておらず、違ったことをやってくる。注意をするのだが、何回かやり直しをさせねばならないので、手数がかかってしかたがない。

困って課長に相談すると、それは「対人接触」が悪いから、連絡業務などやらせず、人との接触が少ない仕事につけるのがよいということで、営業事務が中心の隣の業務課の出荷伝票起票係に埋め込んだ。かれはその後問題なく、無事に仕事を続けていた。

四年めに異動があり、かれは工場の製造第一課の課長付事務係に移った。これは非常に連絡業務の多い仕事で、「気はいいが不確実」な癖が直っていなかったかれは、たちまち馬脚をあらわし、何だ、こいつはということで皆から集中攻撃を受けることになってしまった。

そのうちにかれは、連絡ミスでサブのコンベアを一時間止めてしまうという大失態を演じ、怒られて工場に出てこなくなり、退職処分を受けた。あとからわかったことだが、怒られた次の日

かれは家を出て、かつての同級生で下宿生活をしている友人のところを泊まり歩き、そのうちに暴力団のメンバーになってしまったという。

これは、ある北陸の会社で起こったことだが、最初に入った営業課の課長と係長は、かれが指示されたことが的確にできないとわかったとき、かれをボロが出ない仕事に移した。その結果、かれは次の職場でパンクしてしまい、それが人生を大きく狂わせることになってしまった。「気はいいが不確実」なら、人の話を注意深く聞き、指示を復唱し確認してから動けと注意し、何度か繰り返ししつければ、かれはまもなくその癖を克服したはずである。それをせずに厄介払いをするという態度が、かれの人生を狂わせてしまった。

幹部は部下の人生を左右する人であり、下手なことをすると部下はダメになってしまう。他人の人生を支配するような大変なことを、自分がやっているんだという謙虚な自覚が、育てるためにまず何といっても大切で、これがないと人を指導することはできない。「どう育てるか」ということを考える前に、まず「殺さぬようにする」ことが重要である。私の見聞では、気づかずに人を殺している例は多い。

あなたはどうか。それをまず考えてみる必要があると思う。

3 もっと人間に力を入れよ——部下は仕事の手段にあらず

さきに述べた2の項目のケースでの係長の心境は、

〝こちらの言う通り的確にできない人は、もらってもかえって手数がかかってしまう。これでは仕事が妨害されるだけなので、かれはいないない方がよい〟

というものであった。

つまりこの係長は仕事が大事で、仕事の障害となるかれを業務課に「埋め込む」ことに賛成した。これは一見正しい行動のようにみえるが、ここに根本的な間違いがある。

部下や後輩を指導する人は、すべて二つのことを同時にうまくなしとげねばならない。一つは**仕事の側面**、仕事をミスなく完全に管理し、また業績を上げること。いま一つは**人の側面**、部下と信頼し信頼される関係をつくり、やる気を起こさせ、育てること。この二つである。

仕事の側面と人の側面、これは同時に同じように力をかけて努力すべきものであって、仕事をうまくやるためには人間の方は犠牲にしてよいというものでは断じてない。そんなことがまかり通るような会社では、誰も安心して働くことはできない。

部下は仕事の手段ではない。人間があってはじめて会社が成り立ち、また、人間のために会社が存在する。この係長は、仕事のことばかりで頭がいっぱいで、人の面のバランス失調状態にあったということができる。

まずい癖を持つ部下に対しはっきり注意を与えず、かげでぶつぶつ愚痴をこぼし、できたら何とか画策してほかの部門に押しつけようという衝動を持つようでは困る。これは部下を仕事の手段として考えている証拠であって、指導者の資格を持たない人であるといえよう。

現実の仕事の場では、仕事の面は数字で結果が出、上からもやかましく言われるので一生懸命になりやすいが、人の面は他人にわかるようにはっきり成果が出ないものだから、得てして仕事の面に偏りがちになる傾向がある。

しかし仕事の面での真の業績というのは、結局グループの人びとの能力の向上度合の総和、ポテンシャルが上がった程度によって決まるもので、やる気も不十分、人も育たずに、業績がよくなることはあり得ない。またたとえ業績が伸びても、それは一時の線香花火に終わるのがふつうである。

もっと「人の側面」に力を入れよ。仕事と人間のバランスは理論的には五〇：五〇だが、仕事に偏りやすい現実からすれば、**人を六〇、仕事を四〇**くらいの力の入れ方で、ちょうどよい結果になるようだ。

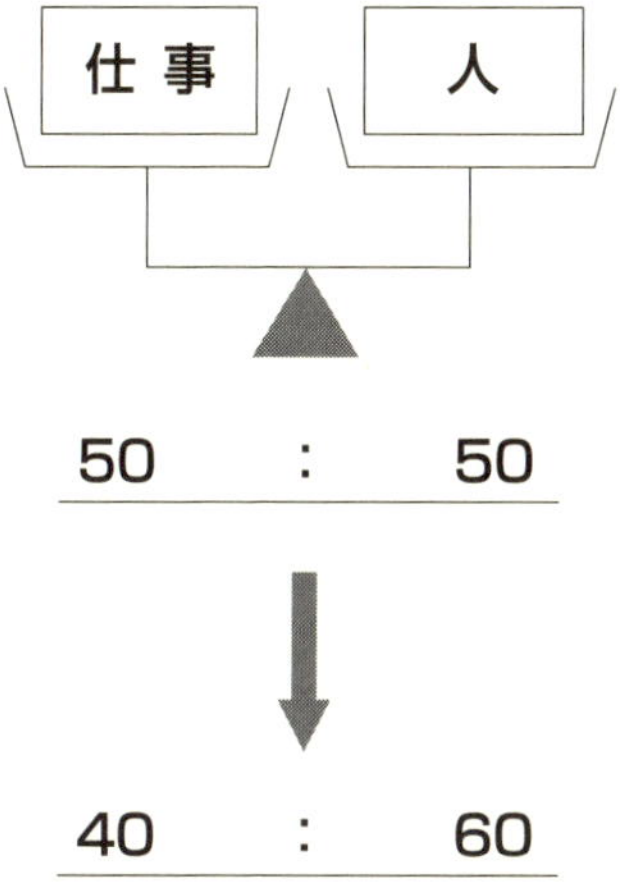

4 自分のために育てるな

——育成は無償の行為

H氏は、課長になってから頭角をあらわし、大きな業績をあげて累進、取締役になった。人を育てるのもうまいとの評判でもあった。かれは会社の将来を担う人として注目されていたが、その後は仕事をしているのにパッとせず、関係会社の役員に出、まもなく退職した。

後年、当時の社長であった人の回顧談を聞く機会を得たとき、次のような話があった。

「かれは切れ者で、力もあるし知恵もあるが、人の育て方には問題があった。自分についてくる人は大切にするが、そうでない部下には冷淡で、えり好みが激しかったし、部下を力で押さえる傾向があった。

腕はあるし惜しい人だったが、あのように自分本位の人物は、経営者にはできない」と。

人を育てる目的は何か。それはあくまでも部下の能力を向上させ、将来有為の人材とするためにやるのであって、決して「自分のために人を育てる」のではない。

回顧談を聞くとこの人は、自分が権力を張り、それを伸ばすための手段として人を育てることをやったふしがある。その証拠の一つは、自分についてくる人には熱心で、そうでない人を疎外する傾向があったことだ。

このようなやり方をすると、不幸な当惑した部下をつくることになり、またこれが企業内に派閥のようなものを形成して人の和を乱す。いかによい仕事をするかということよりもむしろ、誰につくかということに人びとの関心を移させるという、きわめて危険な状態までつくりかねない。

したがってこのタイプは、決して役員にしてはならないし、それほどの上級幹部でなく第一線の指導者でも、これは絶対に許してはならない。事実こうしたタイプは、下から見れば一目瞭然《りょうぜん》で、最近のように皆の意識が上がってくると、結局見抜かれ信頼されなくなって、仕事もうまくいかなくなる傾向にある。

育成は**無償の行為**である。部下に対し、育ててやったんだから言うことを聞けというのは鼻持ちならない。何の報酬をも求めず、ただひたすらに部下や後輩が少しでもよくなることを願って一生懸命やるのが育成というものである。

無償の行為であるから、おれがこれだけ熱心に指導したのに、さっぱり変わらないのはけしからんというのもナンセンス。その結果は相手の問題で、自分の問題ではない。努力が引き合うならやるし、ペイしないならやらないというのも、根本的に間違った考えであるといえよう。

5 共同で次代を育てる——あとがまづくりではない

部下の育成ということになると、すぐにそれを自分の「あとがま」を育てることととられる場合がある。そして極端な場合には、育成をすればかえって自分の立場がなくなってしまうのではないかというおそれから、口では育成を唱えても、実際の行動は逆であることもよくある。

しかし、こうした考え方はむろん間違っている。全部門で手分けしてあとがまを個別につくるということになれば、入社した人は最初に配属された部門で一生を過ごすことが運命づけられ、ローテーションはいっさい行われない理屈になる。会社自体は数十年のうちに大きく変わり、このようなことは絶対にあり得ないことである。

部下を育てるとは、同じ世代の指導者の人びとが共同して、次代を担うべき人を育てることを意味する。自分の育てた部下は自分の担当部門で長く働くかもしれないし、またそうでないかもしれない。要するに次代で要求される何かのポストにつくわけであって、そうした次代を担う人を同年代の人びとが共同して育てるわけである。

同じ一つのポストをとって考えてみても、十年前にやっていた部門の仕事よりも今の仕事は、非常に大きく進歩しているのがふつうである。したがって部下はたとえ同じ部門にいたとしても、今の指導者の能力とは異なった能力が求められることになる。だから「あとがま」といえども、先輩の〝小型コピー〟では全く無意味であり、またその人が他部門に移るとなれば、なおさら小型コピーは意味のないものになってしまう。

では共同して次代を育てるとは、どんなことを意味するのか。それを一言で言えば、どんなに仕事の条件が変わりポストが変わろうと同じように求められるもの、たとえば自分の経験したことのない問題に挑戦し、自分流にうまくそれを克服する力などである。つまり現在の指導者が経験したことのない問題を克服する人をつくることが眼目であり、ある意味では**自分を超えていく人**を育てなければならない。

共同で次代を育てるということは、自分の手もとで順調に能力を伸ばした人があれば、この人を自分にない能力を持つ他の指導者につけ、違う角度から能力を発掘してもらうことを意味し、またこれ以上自分の下で学ぶものはなくなったと思ったら、同様に同じ層の他の指導者につけるということである。

部下は自分の私物《しぶつ》ではない。大事なのはあくまでも部下一人ひとりの考え方や行動が深くなり、従来できなかったことをできるようにすることである。共同して次代を育てることの意味は、まさにここにある。

6■可能性を信じよ——人を決めつけるな

ある銀行の支店に、高年の女性がいた。庶務にいるが底意地が悪く、新人は必ず泣かされるらしく、店内の評判も悪かった。

着任した新しい支店長は、内部の事情を聞いているうちにこのことがわかった。彼女は入行後店内の各係を回ったが、どの係でも無愛想でかたくな。皆との折り合いが悪く、結局庶務に置くしかないということになったという話であった。

支店長は一度彼女と話し合ったあと、店の業務上最も重要な係で、今まで男子行員が座っていた窓口業務に彼女を思い切ってつけることにした。幹部は皆驚いて反対したが、支店長はこれを押し切り、彼女にこのことを申し渡した。

彼女は予想外のことでめんくらったらしいが、驚いたことに、わずか一カ月くらいの間に〝突然変異〟を遂げた。ぶっきらぼうなところがなくなり、仕事を自主的に勉強して業務に集中し、テキパキと的確に仕事を片づけ、前任の男子行員に劣らない判断力を示した。自信が出てきたのか若い人にも親切になり、店内での不評もいつのまにか消えてしまったという。

人間というものは非常に不思議なもので、ダメと思っていた人がすごくよくなったり、いいと思っていた人がいつのまにか曲がったりする。「仕事の側面」というのは1＋1＝2だが、「人間の側面」は全然違い、マイナスが大プラスになったりする。これが人間の面白いところである。人を変化させようと思ったら、〝やっぱりダメだ〟と決めつけたり、人を色眼鏡《いろめがね》で見たりしてはなるまい。部下はどの人も、潜在的にはすばらしい能力を持っており、〝どうかな〟と思われる人でも、常に大きく変化する可能性を秘めている。

このケースでは、彼女は周囲の不信感を知って、ますます自己防衛のためにかたくなになっていたようなのだが、新支店長が全く新しい眼で自分を見てくれていることを知り、信じて重要な仕事につけてくれたことによって変わっていった。

変わってもらうためには、まず相手を信じることである。ダメなやつだと自分の心のなかで思えば、それはすぐ相手にわかるということを知りたい。かげでグチなどこぼすようではなおさらで、これはいつとはなしに伝わり、相手はますます自分に閉じこもるという悪循環になる。

つまり、自分がダメだと思う相手は、こちらがそう思うことによって相手をダメにしてしまうわけで、自分に原因がありながら、相手を決めつけるのは滑稽なことである。

部下はみんなやる気があるし、誰でもいい点を持っている。まずその可能性を信じよう。すべては、そこからはじまる。

7 育成は農業である

——みずから伸びる力を生かせ

米国で、幹部育成計画（Management Development Program：ＭＤＰ）というやり方がはやったことがある。これは、まず各ポストの幹部に、それぞれどんな能力が必要かを明確に規定し、ポストごとに複数の候補者を決め、候補者の現在の能力と、そのポストに必要とする能力を比べて何が足りないかを明らかにし、不足の能力を追加するために特別な教育をしたり、特定のポストをあらかじめ経験させたりするやり方である。

これは興味ある方法ではあるが、ここで疑問に思うのは、この考え方は、人と物とを同一視しているのではないかということだ。この方法は幹部を工場で出た規格に合わない不良品のように考え、欠陥部分を修理し再加工することを育成と考えているようにみえる。

人間というのは物と違い、誰でも長所と短所がいびつな形で共存しているため、要求される規格に合った人をつくるのが、その人の力を最大限に発揮させるのにベストの道であるとはいえない。むしろ多少いびつでも、その人らしい進歩をしてもらう方が、はるかによいはずである。

物と人間の最大の違いは、人間がみずから向上しようという衝動や欲求を持っていることにある。どうもＭＤＰというのは工業の思想であるところに問題があるようだ。

育成とは、文字通り農業の思想である。成長する力を持っている種を蒔き、芽が出てきたら水をやって成長を助け、若木のときは風で折れないよう風よけをし、妙な方へ曲がっていかないよう枝を剪定《せんてい》する。要するに、その人の持つ成長のポテンシャルを中心に据え、その人らしく成長していくように助けていくことである。

育成とは、こちらが何か力を加えて相手を自分の思うように曲げていくことではない。自分の思う相手の「枝ぶり」と、その人にいちばん望ましい枝ぶりは違う。要するに、本人がよく伸び、大輪の花を咲かせることのできやすい環境をつくることである。

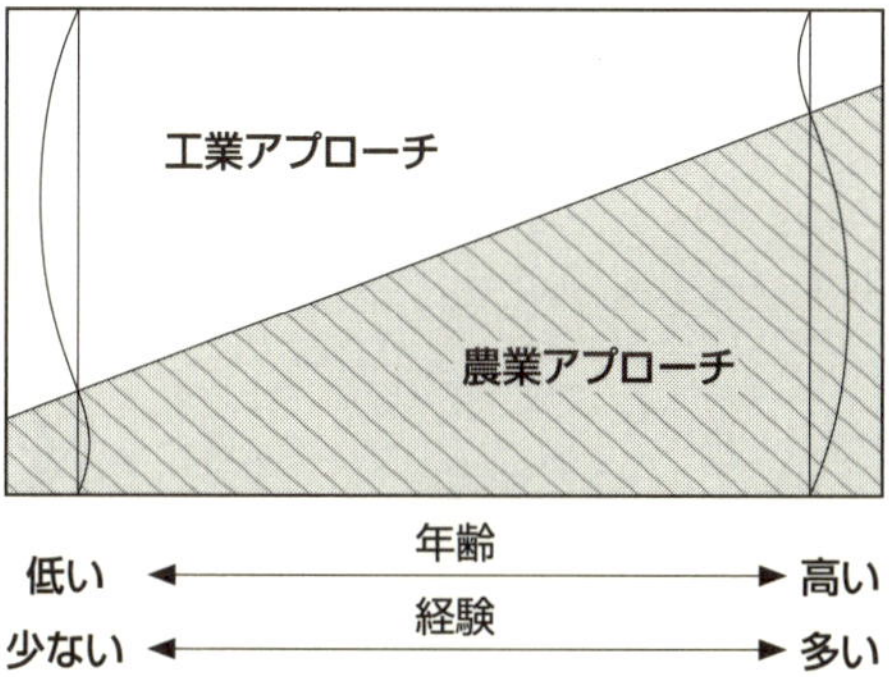

この考え方は、若い人よりも経験の深い人の育成に、より重要であり、技術者や専門職など自意識の高い人の場合に、とくに大切である。若く十分な経験を積んでいない人びとは、まず基礎をこちらから教え込む必要があり、〝こうなってほしい〟ことを直接に明示し、まずいところは直していくことが必要である。しかし一人前に近くなり自立心が出てきたら、こんどは農業思想でいくのが相手のために最もよい方法だといえる。

若すぎるのに農業アプローチをしたり、一人前になっているのに工業型でやったりすると、結果はともによくない。相手の成熟度により、主たるアプローチを変えていくことが大切である。

8 一度であきらめるな——育成とは粘りである

人を育てることは、農業である。

このことは、育成が時間をかけてやる仕事であることを意味する。人を「促成栽培」することは、その人のためにも、また会社のためにも不利だということができる。

仕事の側面と人の側面は、望ましいテンポが違う。仕事は快適なテンポで速く進めなくてはならないが、人の側面は相手の変化できるスピードに合わせる必要があるため、仕事の側面より進め方のテンポが遅く、ある変化を起こさせるには簡単なことでもまず一カ月、ふつう半年、一年、あるいはときに数年をかけるのが、本当の育成である。見せかけの速い変化は、すぐメッキがはげる。

ところが指導者はときどき、人間の変化のテンポを仕事の面と同じように考え、ひどくせっかちにその結果を求める人が多い。人はそんなに速くは変わらない。はやい話、自分自身の変化のスピードを考えてみれば、このことははっきりする。自分が速くできないのに部下や後輩にだけそれを求めるのは大いなる矛盾であることを、よく理解したい。

たとえば部下のまずい癖について一度注意を与えたとする。本人はわかりましたと言うのだが、その舌の乾かぬうちからまたやっていると、指導者は腹を立て、これは言っても効果はないとあきらめてしまう人がいる。これはよくない。

まずい癖を直すというのは、新しい能力をつけたり態度を変えさせたりするよりは比較的短期間に片づくものだが、それでも通常は短くて一カ月、長ければ一年にわたる繰り返しの注意を必要とする。腹を立てるのは筋違い、癖というのは相手の生活習慣になっていて無意識にそうなるのだから、相手は全然悪意がないのである。自分のことを考えれば、それはすぐわかる。

だいたい、一回注意したら直るという期待は大きな誤解であって、ふつうは腹を立てず冷静に注意を繰り返しているうちに、自然にその癖が直る。これを途中でギブ・アップしてしまうのは指導者の敗北にほかならない。

育成とは粘りである。仕事の面と時間の尺度が違い、気を長く持ち、自然に変わってくるのを待つことが非常に大切である。指導者というものは一般にせっかちな傾向を持つが、こと人間の問題に関する限り、これは有害無益なもので、仕事の面と人間の面を違う時間尺度で使い分けることができるかどうか。それが成否の分かれめだといえよう。

育成は農業である。丹念に時間をかけ、必要な季節に必要なことをやり、開花の日を待つ。せっかちは厳禁。いろいろなアプローチの工夫を繰り返し、粘り強く変化する日を待つ。こうして花が咲いたときの喜びは、時間をかけているだけに何ものにも代えがたい貴重なものといえる。

9・忙しいほど育成できる——仕事即育成

〝あなたは人を育てていますか?〟

という質問を幹部の人にしたとき、よく返ってくる言葉は、

〝育成が大事なことはわかっているんだが、なにしろ忙しくて十分に手が回っていません〟

というタイプのものである。

しかし、この考えは間違っていると思う。人を育てることは、本来忙しい忙しくないには関係がないものである。

こうした答えをする人の頭のなかには、暗黙のうちに仕事の場を離れた教育を育成と考え、忙しいからそれができないと思っているふしがある。育成—教育—学校という連想であろうか。育成というのは、仕事のなかで人を育て、仕事をしているうちに相手の能力や態度が向上してくることをいっている。

たとえば、仕事の都合で分担を変え、相手に未経験の仕事をやらせると、結局かれ(または彼女)はそれをやっているうちにマスターし、新しい能力を身につけるという「変化」を起こす。この場合、未経験の業務を分担させることは、仕事そのものであると同時に育成の手を打ったことにもなる。つまり、仕事即育成なのである。

私の経験では、忙しい職場ほど内部のメンバーの能力は早く上がっていく。仕事が多いのに人が少なければ、少人数でこなすためにいろいろ工夫をし、仕事のやり方を改善するようになり、時間が少ないのでいきおい処理のスピードは上がらざるを得ず、助け合いが必要になるのでチームワークもよくなる。多忙は育成の母である。

仕事はつまり育成なのだから、仕事以外に特別の時間が要るわけではなく、忙しいから育成できないというのは根本的な誤りである。ただ問題なのは、仕事が仕事をこなすためだけのものになって、育成に効果がないようなやり方をしてはいないかということだ。

これは要するに、人間を大切にし、あらゆるチャンスを最大限に相手の向上のために活用しようという気持ちがあるかないかの問題であり、仕事さえうまくいけば、それで責任は果たされたという態度では、仕事即育成とはいかない。

指導者の仕事

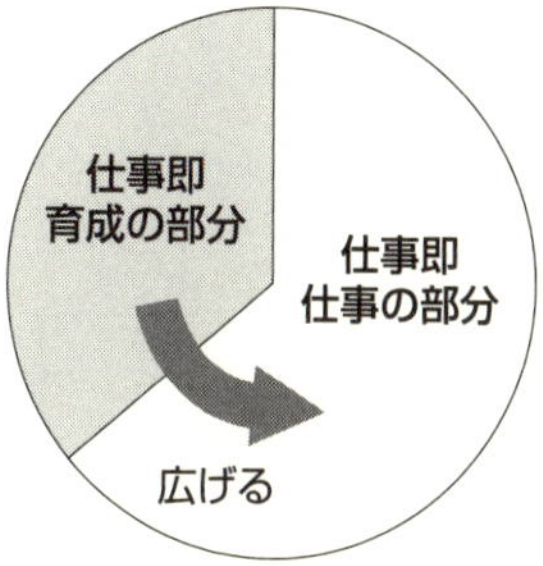

こうした意味では、人を指導する立場の人がやっている仕事には、「仕事のための仕事」と、「結果的に育成にもなっている仕事」とが含まれていることになる。あなたの場合、育成にもなっている部分、つまり〝仕事即育成部分〟の割合は、いったいどれくらいになっているであろうか。一つ、改めて考えていただきたい。

10 仕事は教材である
――片づけ主義は問題

ある案件について部下に立案を頼んだ。

ところが、かれの持ってきた案を見ると、これではダメだと思う。こうした場合に、あなたはこのあと、かれにどう言うだろうか。

この場合、一般に多いのは、これじゃダメだ。ここをこう直せ。ここは削ってこうしろ。ここはこう変えなくてはダメだ。わかったかというやり方である。わかりましたと言ったら、じゃ早く直して持ってきてくれ……こういう人が多い。

しかしこれでは、仕事のための仕事はできても、あまり育成には役立っていない。育て上手な人は、まずいつまでにこれを処理すればよいかのタイミングを考える。これが明日中に上司に出せばよいものだとしたら、かれに直接直す箇所と方法を言わず、それがなぜまずいか、どんな考え方と方向が必要かを説明し、相手がそれを理解したら、

〝じゃ、一晩考えてつくり直し、明日の朝持ってきなさい。そこで検討しよう〟

とやる。

こうやれば、自分は家で晩酌をやって寝てしまっても、相手は自分で考え工夫する。翌日の朝検討して決めれば、それで仕事のタイミング上は問題ない。

これは一例であるが、育て上手の人は一般に、部下の仕事の一つひとつを、巧みに部下のための教材に活用し、考えさせる。育て下手な人は、仕事を部下の教材として意識しておらず、早く処理することばかりを考えやすい。

前者を〝教材型〟とすれば、後者は〝片づけ型〟とでもいうべきか。仕事はすべて部下のために有用な教材となるものであり、これを日常意識的にやっているかどうかで、その部下の伸びるスピードが決まる。これがうまい上司を持つ部下は非常に得をし、下手な上司に仕える人は損をしている。

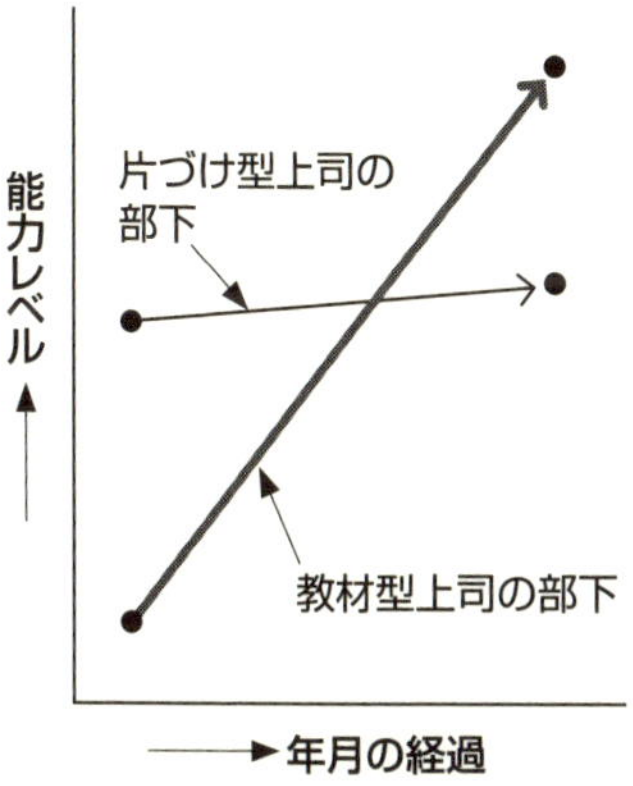

教材型の指導は、片づけ型よりも若干時間がかかる傾向がある。しかしこれは、あとで同じようなことが出てきたとき、時間が節約されることになる。部下を持つ人はたしかに多忙だが、仕事を楽にやる秘訣は結局、部下の能力を高めることにある。

部下にとって上役運というのは非常に大きい。たとえ最初の能力は低くとも、仕事をうまく教材として使う上司のもとでは急速に成長する。そういう上司になりたい。

11 先輩の恩を後輩に返す——育成は伝承である

ある大企業の部長を務めるK氏は、こんな話をした。

〝私がいちばん勉強になったと今でも思うのは、勤労課の係長をしていた時代です。あのときの課長はとても厳しかった。やったことがない仕事を次から次へと与えられ、無我夢中でやりました。はじめはつらくて、何でおればかりこんな目にあうのかと思ったものです。しかし今から思うと、あのとき仕事に自信がついたようです。仕事が面白くなったのは、四年間いた間の後半です。課長はさっぱりほめてはくれませんでしたが、次の課に移ったときは思う存分仕事ができて、あんなに楽しいことはありませんでした。あの人に仕えて本当によかったと思います〟

われわれは長い会社の生活のなかで、いろいろな上司のもとで働く。あの人に仕えたときは勉強になった、つらかったがあのときに力がついたといったことは多い。上司の言った一言が、自分の大きな転機になることもある。自分は自分の力でここまで来たと思っても、実は先輩の有形無形の影響や、先輩たちの努力によって今日の自分がある。そんなことはない、自分は自分の力だけでこうなったと考える人があるとすれば、それは大きな錯覚であり、

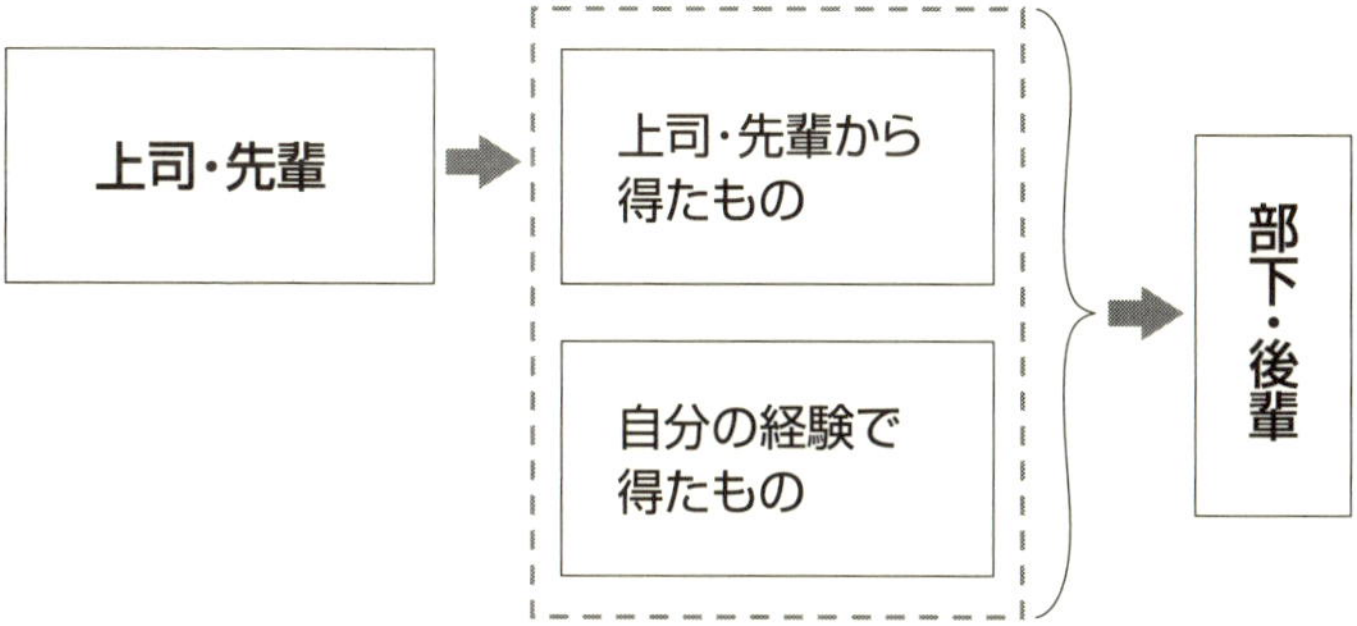

そういう人は大成しないものだ。

育成とは、こうしていろいろなポストで自分が先輩から受けた恩を、こんどは自分が後輩に返すことである。あれはよかったと思うことは、会社のよき伝統として後輩にも伝え、そうなってもらうように努力する。先輩から受けたことに限らず、自分の代で自分流に大切だと思ったことも同じように伝え、わかってもらう。

時代は変わり、仕事もまた変わっていくから、先輩から教えられた内容をそのまま伝えるものは多少減り、自分の経験から教えねばならないことが増えてくることになろうが、とにかく相手のプラスになるだろうと思うことを一生懸命にやる。先輩から受けるだけで後輩に返さないという利己主義は困る。

各階層の全員が、それぞれ先輩から受けた恩を後輩に違う形で返し続けることによって会社はさらに発展する。それが育成というものの本質である。

12 資格がないと思うな——育成料は給料のうち

はじめて係長や主任になった人のなかには、人を育てなくてはならないというのはわかる、しかし自分はまだ、人に教えるような力がなく、育てる資格もない、と思う人がいる。

たしかに、完全な人というのはいない。育てることより目前の仕事をどうこなすかに頭がいっぱいということもある。謙虚なのは、よいことである。

しかし、この考え方は根本的に間違っている。いやしくも部下や後輩より先に仕事の経験をしている人である以上、育てる資格は十分に持っている。そして自分が先輩から受けたものを後輩に返すという立場からすれば、またここにはたくさんのことがあるはずだ。謙虚なのはよいが、それを逃げ口上にするのはよくない。

もっとはっきり言えば、部下や後輩を育てることは、自分の力があるとかないとか、それが好きだとか嫌いだとかいったことには本来無関係のものである。少なくとも役付きになり部下を持つようになったら、それは自分の役割として、その日からやらねばならないことなのである。

つまり育成という仕事は、指導者の給料のなかに入っているのだから、力がないと思っても、それなりに方法を工夫してやらなくてはならない。気が進まなくとも、自分の責任としてやるもの、それが育成である。

それでもいやなら、そんな辞令を受けてはならない。日本の会社では、昇進に類する辞令は無条件で受け取る習慣があるが、昇進に見合った仕事ができずにあとから怒られても、それは全く受け取った人の責任である。

技術者など専門的な色彩の濃い職種の人は、この問題にはとくに注意する必要がある。それは仕事が専門的で奥深く面白いものであるだけに、人を指導する立場になっても、それ以前と変わらず夢中で仕事だけにのめり込み、部下はほったらかしということになりやすいからである。

役がつき部下ができたら、こうしたアンバランスは許されない。どうもそういうことは苦手で気が進まないと考えるなら、だまされたつもりで、育てることを自分流に一度やってみることである。どんなことでもよい。やってみたら、必ずその面白みがわかる。面白さがわかるところまで、まずやってみることである。

育てることは、力がなくとも、気が進まなくともやることである。力がないというが、育てることは直接の能力に限らず、人柄でよい影響を与えることでもあるし、経験を伝えることでもある。困っていることの相談相手になってやってもよい。

育てる資格がないというのは、間違いである。

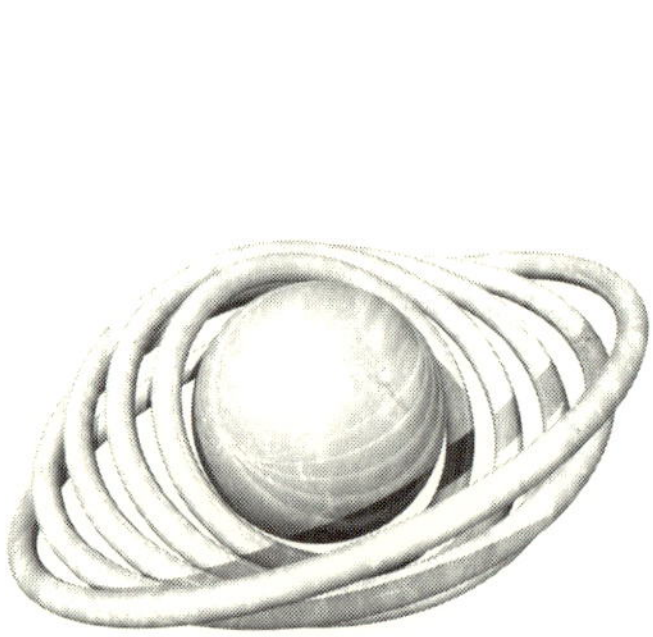

第2章

育成の基礎づくり

育成とは要するに相手を変化させることだが、
このためにはまず基礎になる条件を整え、
そのうえで育てるアクションをとらねばならない。
何か一つのことをやれば人は育つというのは
間違った考えである。
育成の基礎条件とは何か。
そしてその条件はどのように整えるべきなのか?

13 信頼なくして育成なし——基礎工事二つ

二人の課員が、課長に何か言われている。

「この問題は、もっと速く進めてくれ。もっとうまくやれるはずだ。部長の方には了解してもらうようにおれが言う。いいかい、頼むぞ」

二人は、わかりましたと言って帰ってきたが、こそこそ何かしゃべっている。

「おい、課長はああ言うけど、これは進めて大丈夫かな」

「いや、ダメだよ。課長はああ言うが、たぶん無理だ。とても部長を説得はできないよ」

「そうだな。もう少し様子を見るか」

これに似た光景は、ときどきある。せっかく課長がはっぱをかけたのに、二人は全然やる気になっていない。

部下のやる気というのは、上司を信頼しているときにはじめて起こる。たとえば自分の上司を、「部下の手柄を横取りして全部自分がやったように言うイヤなやつ」と部下が思っていたら、いくらはっぱをかけられても、やる気が起こるはずがない。

また、何か上司から注意されても、そうだな、気をつけようと部下が考えるのは、やはりその上司を信頼している場合に限られる。「何だ、あんなやつ」と思っている相手から注意されたら、反感を内攻させるだけで、少なくとも育成には逆効果。効果が出ないのは当然である。

育てるには、まず相手から信頼される関係をつくるのが先決である。たとえば、ろくに部下の困っていることも知らず、一方的に押しつけをやるようではダメで、じっくり話を聞いて状況を理解して、わかってもらっているなと相手が思う状態までいかねばならないし、他のことで部下の信頼を落としてしまっていると、何を言っても聞いてはくれない。

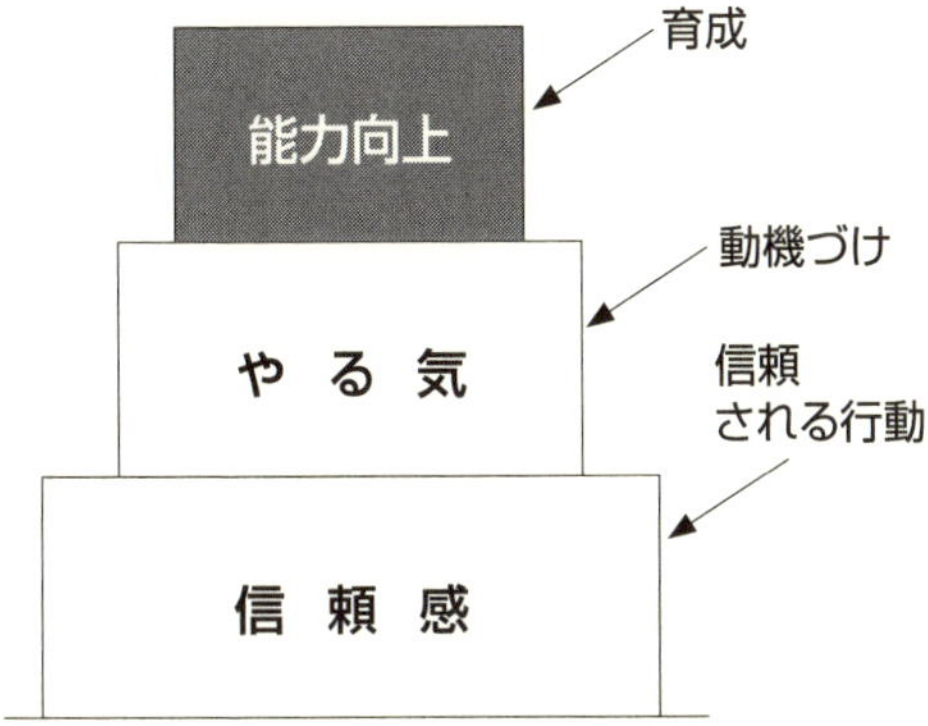

そしてまた人は、やる気いっぱいで完全に燃焼し、夢中になって仕事に取り組んでいる状態におかれて、はじめて能力が伸びる。仕事に身が入っていない状態で、その人が向上するわけがない。

こうして育成の基礎工事は、まず信頼感、そしてやる気の二つとなる。これが十分なレベルにあるときは、それ自体が部下の成長を加速し、育成のためにとくにやらねばならないことが少なくてよい状態になるし、基礎が不十分だと育成活動は効率が悪いものになることを、よく知っておきたい。

14 自己中心になるな——捨てれば育つ

社内のいろいろな部門の様子を見ていると、自然にどんどん人が育つ部門と、さっぱり育ってこない部門とがあるのに気づく。

この差は、一つにはそれぞれの部門の風土——伝統や価値観、行動の習慣などに影響される面があるが、それ以上にその部門の責任者の人柄によって大きく支配されていることがわかる。人間というのは恐ろしいものである。

信頼感に最も大きな影響を与える指導者の要素は、その人が**利己的か利他的か**ということであろう。利己とは何でも自分中心に、自分個人が得をする方向に動くことであり、利他とは部下や他人のことを心配してよく心をくばり、他に役立つ方向に動くことである。

部下はとくに、自分の上司がそのどちらであるかをすばやく見抜く。利他的と見れば安心してついていくし、利己的と見れば警戒し、一定の距離を保って行動しようとする。自己中心主義の上司は、自分を有利な立場にするために部下を犠牲にすることがよくあるからである。誰でも、人の犠牲にはなりたくない。

利己的な上司のパターンの一つは点数主義、いつでも自分の点数が上がるように行動する。よく思ってもらいたい対象はいうまでもなく自分の上司や経営者で、このタイプは上の方ばかりに日常接触し、部下との接触が少ないのが特徴である。下に接触するときもガミガミが多く、じっくり話は聞いてくれない。つまり上向《うわむ》き型である。

もう一つの症状は、だいたい数字ばかりを気にし、数字に出てこないことはやかましく言わないし、またやろうともしない。育てることの努力もいきおいやろうとせず、そうした話はあまりしない。

部下の考えたことを自分が考えたように言い、うまくいったことは自分のせい、まずかったことは部下や他部門のせいにするというのもあるし、上には迎合的で下には厳しい。こうしたタイプは部下から見ると、陰ひなたがある人物に見えるのが常である。

こんな「絵に描いたような」自己中心主義者は少ないが、同時に、少なくとも自分はそうではないと思うのは大いに危険である。問題は自分がどう思っているかではなく、部下が主観的に自分をどう見ているかだ。「自分が思っている自分」と、「部下が思っている自分」とは、相当大きく食い違っていることが多い点に注意したい。

信頼してもらえなければ、注意をしても効きめはない。人を育てることのできる人の資格は、ある意味で自分というものを捨て、いつもみんなのことをよく考える態度にあるといえよう。誰でも自分がかわいいことは事実だが、それだけでは人を育てることはできないということである。

15 部下を"玉砕"させるな
——眼くばりを完全にせよ

M部長は陽気な人柄で、かれがその部に移ってきてから、部内はぱっと明るくなった。

ある日かれは部下の課長の一人と話し込み、提案された案に賛成した。それは若干社内調整を要するが野心的なプランで、部長の激励を受けて課長は張り切り、さっそく準備にとりかかった。

調査を進め、計画を練って部長とも相談し、課長は他部門との調整に活発に動きはじめた。状況はおおむね順調で、まず実現間違いなしとみた課長は、関係外部との交渉を進め、了解をとりつけていった。

ところが、これを最終的に会社としてオーソライズするための、担当常務との大事な会合の日、M部長は得意先の慶事で急遽《きゅうきょ》出張すると言い出し、心細がる課長に、十分話してあるから大丈夫と言って、出てしまった。ところが常務との話し合いでは新情報があって保留となり、しかも常務が翌日から海外に出張してしまい、一カ月は動けないということになってしまった。

これはタイミング上まずく、こうなっては日を改めてやり直すしかない。社内外に交渉を進めてしまっていた課長は窮地に立った。帰った部長と相談したが方法がなく、結局各方面に謝らざるを得ないことになったが、そのときまた部長は他用で出てしまい、謝りに歩いたのは課長であった。

部長に対する部下の見方は、ガラリと変わった。当の課長は部長を暗い眼で見るようになり、他の課長や係長は部長にはっぱをかけられると、がぜん警戒しつつ聞くようになった。部内はこの事件を機に、それまでせっかく張り切っていた気分が、暗いものに変わってしまったのである。

育成の基礎としての信頼感、これを得るためのもう一つの重要な要素は、部下を〝玉砕〟させないことである。

指導者は、自分自身がいかに忙しくとも、つねに部下一人ひとりの状態をよくつかみ、うまくいかずに困っている人にはバックアップをして成功させねばならない。はっぱをかけるだけで後始末が悪く、〝玉砕〟させられる危険があっては、誰もおちおち言うことを聞けないのは当然である。

部下に十分信頼される関係ができていても、一度部下をパンクさせると、「百年の恋も一朝にして醒め」、即座に信頼を失ってしまう。信頼される関係を続けるというのは、それほどやさしいことではない。

信頼されるにはまず、部下全員の仕事に対し、常に周密な眼くばりと、そして迅速な行動力を持つことが必要である。そしてこれは指導者の、部下を思う心の深さに関係があることはいうまでもない。

16 いやなことは自分がかぶれ——面倒なことから逃げるな

ときどき、こんな人がいる。

何か面倒なことが起こると、自分では直接処理せず、できるだけ部下にやらせようとする。トラブルの処理とか、頭を下げて謝らなくてはならないこととか、気の進まないことを言い渡すとかいったことからは、逃げてしまう。そして自分は、格好のいい仕事のときだけ出ていく。

ある会社に、こういうタイプの課長がいた。私はコンサルタントとしてその会社に行っていてかれと親しくなり、一杯飲んだとき〝そういう行動はやめた方がいいですよ〟と言った。

ところが、かれの反応は違っていた。管理者の仕事は、人を使ってその部門の目的を達することである。直接に何かやるのは本業ではないし、やっても重要なことに限られる。ああいうことはそれほど重要ではないので、部下にやらせるのです、と言う。

私はあいた口がふさがらなかった。管理者は人の力を使い発揮させるのが本業であることは確かだが、課長は重要な仕事をするというのは気にいらない。それでは部下には、重要でない、つまらない仕事ばかりさせるというのか。それでみんなは張り切るだろうか。

重要なことだけ直接やるというのを肯定するとしても、いやなことやトラブルの処理は重要でないとはいえない。課長が、誰がやってもいやなことを部下に押しつければ、部下が面白くないのは当然で不信感を起こし、信頼関係を破壊してしまう。

誰がやってもいやなことは、指導者が直接出て行って処理するのが原則である。こうしないと、部下との信頼関係はつなげない。それは仕事としてはつまらないことであっても、みんなの心に悪い影響を及ぼす点で重要なのである。

部下が自分の仕事で失敗したのだから、その後始末や尻ぬぐいは自分でやるのが当然と考える人もいる。このタイプの論理は、後始末をさせることによって本人が懲《こ》りて、失敗を繰り返さないようにする教育になるというわけである。

しかしこれも誤りで、たまにはそれが有効なことがあるかもしれないが、かえって本人に自信をなくさせたり、指導者に不信の念を抱かせることが多いことを知っていなくてはならない。

どうも、理屈をつけて部下にいやなことを押しつけるタイプは、心の底で面倒なことやいやな思いをすることを好まず、安易な心で地位に甘える点があるのではないかという気がする。それでは人はついてこないし、よい影響を与えたり育てたりすることができないのは当然といえる。

いやなことは自分がかぶる。これをやっていれば部下も見習い、いやな仕事のなすりあいなど起こらず、チームワークのよい職場になる。

17■上・横への説得力を持て
——頼もしい存在になること

部下に信頼されるためのもう一つの条件は、指導者が自分の上司や他部門の幹部に対し強い説得力を持つことである。

今の時代は仕事の環境がどんどん変わり、それに合わせて部門の仕事の改革をしていかねばならないが、一つひとつの改革を実現するにはまず、上司を説得して実現の体制をつくり、また他部門に根回しをし、そして協力をとりつけねばならない。

日常業務のなかでも他部門との間の問題はいろいろあるが、どうもうちの課長は弱くて他部門に押され、いつでもわりを食っているとみんなが思えば、それはいつか指導者に対する不信感になってはね返る。

上司に対する説得力は、日常その上司からどれくらい信頼されているか、信頼されるだけの過去の業績があるかが最初の問題である。十分信頼していれば上司は言うことを聞き、信用していなければ応じてくれない。説得の基礎は、まず自分がいい仕事を残すことである。

上司を説得するには粘り強さが必要である。上司は部下と違うのだから、一度で説得できれば儲けもの。ふつうは**ノーと言われたときから説得がはじまる**。ダメと言われたら、ああやっぱりとあきらめるようでは話にならない。

上司に対する報告や連絡が日常緻密に行われていることも必要だ。忙しがってこれを怠っていると、上司は様子がわからないことに不満を持ち、提案をしても、〝それより、あれはどうなっているんだ〟ということになる。

他部門の同僚の協力をとりつけるにも、まず日常の連絡がよくなくてはならない。〝あのとき、なぜ言ってくれなかった〟と相手が連絡ミスを怒るようでは、協力してくれるわけがない。

他部門からの協力の依頼があったときは、積極的にこれに応じることが必要である。つらいときの協力はありがたいもので、自分も役に立ちたいと思うはずだ。しかし、平素協力せずにいて頼むときだけ頼みに行っても、協力してはもらえない。

頼むときは、できるだけ早め早めに状況を知らせ協力を依頼する。せっぱつまってからの突然の頼みでは、頼まれる方にその気があっても急には応じられない。頼み上手の人は、すべて早手回しである。

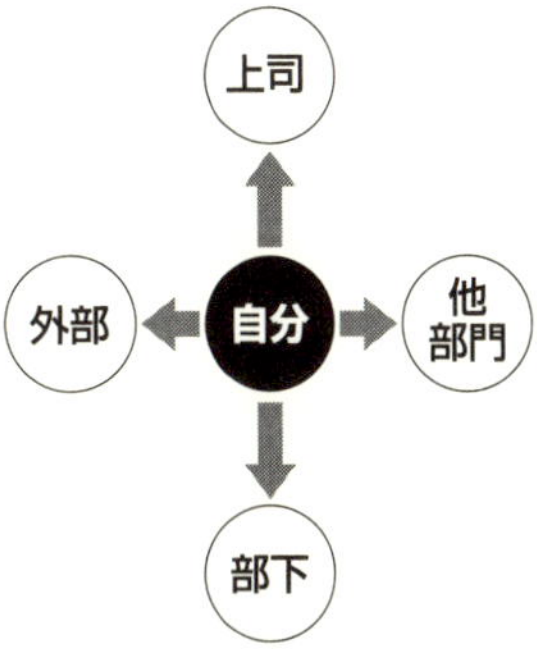

育成をするにはまず部下に信頼されることが先であり、信頼されるには部下から見て自分が上司や他部門に対し言うことを言い、部下の仕事をやりやすくするための行動力があり、そして改革を実現するだけの説得力を持った頼もしい存在であることを要する。

18 やる気は人を変える——いかに完全燃焼させるか

ある支店にS氏が支店長として赴任したとき、店内は火の消えたようになっており、沈滞した空気に満ちていた。

この支店はいつも売上の伸びが社内で最低で万年赤字、いろいろな人が支店長として采配を振るったのだがパッとせず、社内では札つきの支店と思われていた。S氏もいろいろ努力したが、うまくいかない。どうしたらよいか考えあぐねていたが、悩んでいても仕方がない。とにかく自分の力で売上を上げようといろいろ画策してかけまわり、久しぶりに大きな注文を二つ成約した。

その結果、今までになく売上の伸び率が全支店の中でトップになり、それが偶然にも三カ月続いた。皆はこれで自信を持ったのか、驚いたことに店内の空気はみるみる変わり、激しい勢いで全員が走り出し、その年の業績は全国二位、次の年はトップになってしまった。

S氏はこの支店に五年在勤したが、このとき苦楽をともにした主要メンバーは、次々と他の支店長や課長になり、その後も盛んなやる気と高い業績を続けることによって、支店のなかでは最も人材を輩出する場所に変わってしまった。

業績は、やる気に比例する。燃えるような雰囲気の職場は、不可能としか思えなかったことを実現する力を持っている。

そしてやる気は、人を変えてしまう。高い業績によって自信がつき、ますます高い目標に挑戦しようとするようになり、一度達成したレベルを落とすまいとしてますます工夫し、互いに助け合うようになる。やる気が出てくると人は変わり、自然に能力は向上していく。

やる気のない職場では、反対のことが起きる。失敗を他人のせいにし、互いに足を引っ張り合う。注意されても、謙虚に受けとめて考えようとせず、上司や仲間のせいにしてしまう。これでは人が成長するはずはない。だからますます業績は低迷し、自信をなくし、責任転嫁という悪循環に陥っていく。

人を育てるには、部下のやる気を引き出し、全員が完全に燃焼する状態をつくらなくてはならない。このためにはこのケースのように、仕事の面で先に成功をおさめて自信を持たせるやり方もあれば、このあとに述べるように、人間にアプローチして燃焼度を高める方法もある。

この意味では、新しい部門に移った指導者は、新任を機に内部の空気を変革し、気風を一変させる責任がある。沈滞した状況ならこれは当然であるし、士気は相当高い場合でもさらにそれが高度のものとなるようアプローチをする必要がある。

やる気は無限である。完全に燃焼していると、人は自然にいい方向に変わっていく。育成活動を「自動化」しようとしたら、打つ手は一つ。いかに動機づけをするかにすべては尽きる。

19■まず、やる気をくじくな——自分の悪い癖を直す

皆が仕事をしている場所で、課長がある課員にガミガミ当たっている。それが全部聞こえる。「なんでこんなことをしたんだ。だいたいきみは不注意だ。この前もこうだった。その前もこうだった。こんなことでは社員の資格がない。それからこうだ……」課長の話は延々と続く。皆は聞こえぬふり、〝またはじまった〟という顔をして聞いている。

どうやって部下にやる気を起こさせるか。それはまず部下のまずさを考える前に、自分自身の、部下のやる気をくじくような悪い癖を直すことである。

なくて七癖というが、人はだれでもいろいろな癖を持っている。そして部下を使う立場にいる人のなかには、本人は意識していないのだが、みんなをがっくりさせ、やる気をなくさせてしまうような悪い癖を持っている人も多い。

ここにあげた課長は、三つの間違いをしている。

一つは皆の前で特定の人を叱っていること。これではやる気をなくす。わざと聞こえるようにやるとか、みせしめにするなどというのは最低。

二番めの誤りは、昔のことを引っ張り出して重ね叱りをすること。そんなことまで意地悪く憶

えているのか、これではこの課長の下にいては浮かばれないと、やる気がある人もなくなってしまう。

三番めの誤りは、こうしたことを延々と長くやること。聞いている本人も聞かされている他の人も、これでは気持ちが滅入《め》り、暗い気分になってしまう。やる気どころのさわぎではない。

これは一例だが、実際に職場で見かける悪い癖は無数にある。細かいことまで指示をしすぎ、信用してくれないのかと部下が思うケース。言うことがくるくる変わり、部下はひっかき回されて疲れる。積極的に何でも提案せよと言いながら、言いにくいとうんうんと聞くだけでさっぱり実行せず、何を言ってもムダだと皆があきらめるケースなど、数えあげればきりがない。

問題は、こうやって皆をがっくりさせる悪い癖を、自分自身でわかっていないことが多いことである。これは案外わからないもので、無自覚に悪癖を発揮し、部下は〝またはじまった〟と、やる気をなくす。

どうせ部下からは**上司はまる見え**なのだから、格好をつけずに、はっきりものを言いそうな人物と一杯飲み、「いったい俺の癖で迷惑なのは何だ」と聞き出す方が早い。

自分にはそんな癖はないと思っている人が、最も危険である。部下をがっくりさせる癖は誰でも持っている。早い話、あなたの上司が持つ癖は、よくわかるだろう。人が持っているものはたいてい自分も持っているものである。

20 人を長所から見よ——口に出してほめよ

初対面の部下に対し、必ずしなければならないことが一つある。これは新入社員でも他部門から来た人でも、自分が異動して顔を知らない部下を持ったときでも共通の注意点である。

まずあなたは相手を注意深く観察し、かれまたは彼女のよい点、長所といえそうな点を努力してつかみ、そして必ずそれを口に出してほめることである。「字がうまいね。どこで習ったの」でも、「もうできたのか。仕事が速いな」でもよい、必ず口に出して一言ほめる。

初対面の上司に緊張している相手は、これでホッとし、もうわかってくれたのか、これはやらなければという気を起こす。これは簡単なことだが、やってみると必ず効果がある。

初対面の部下に対し無神経に、注意したり叱ったりすることからはじめる人がある。これでは相手は傷つき、大したことを言われたわけでなくとも、やる気をなくしがちになる。人間関係は、すべてその最初が大切である。

人間は誰でも長所と短所を併せ持っており、長所がない人も短所が皆無の人もいない。問題は、まず相手の長所を早く認めるかどうかである。短所ばかりが早く眼につくネクラ人間が上司だと、その職場は暗くなってしまう。

もし初対面の部下の短所が、不幸にも先に見えたら、いったんその記憶を打ち消し、意識的に

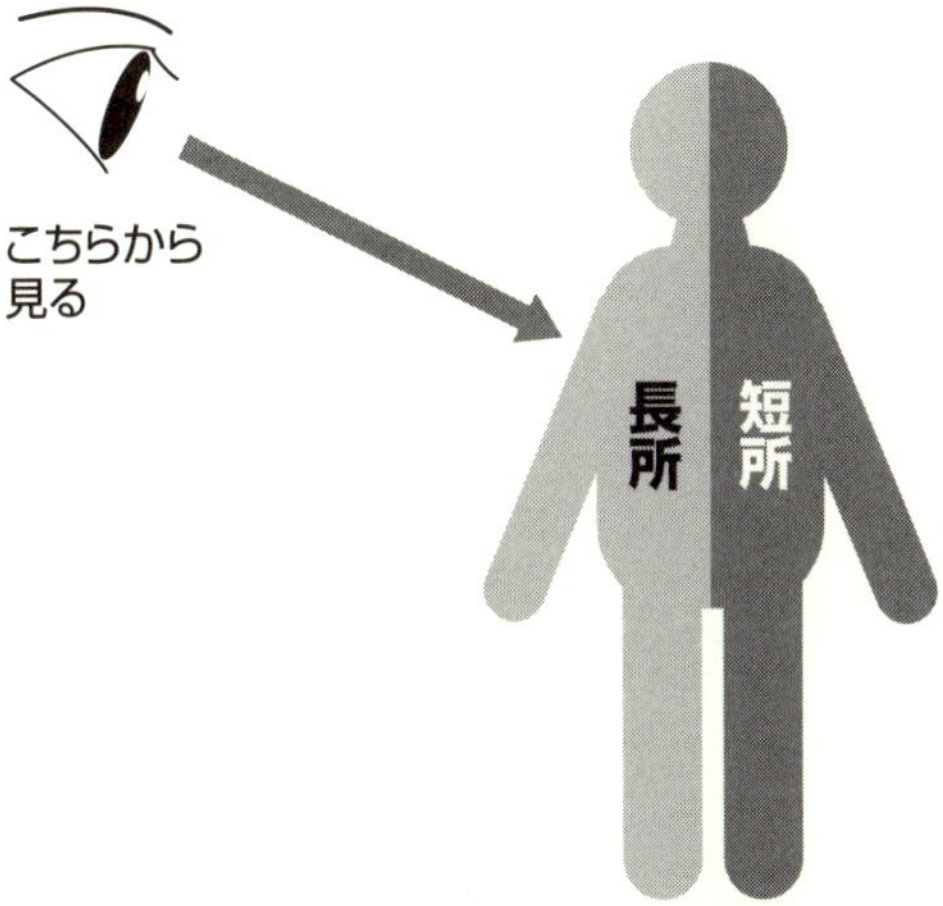

その人の長所をさがして見つけ、口に出してほめるのがよい。感じた短所は忘れてしまうこと。

これは相手を動機づけるテクニックではなく、人をその長所から見るという態度の問題である。誰でも持っている美点や長所をまず認めるところから、すべてははじまる。そういういい人が自分のところにきてくれてよかったと思う心が大切なのだ。みんなさっぱりダメなやつばかりだと思っていては、張り切った職場はできない。

部下のいい点は認めているのだが、口に出してほめるのを照れくさがる人がいる。しかしこれは間違いで、いいと思っているだけでは絶対に相手に伝わらない。口に出してはじめて、長所を認めたことになる。気軽に臆面もなくほめること。

部下をほめることは非常に大事である。なかなかいい点があるなと思ったとき、仕事をうまくなしとげたとき、困難を突破したとき、その他いいなと思ったら素直に口に出して、「よかったな」「ご苦労さん」と言う。部下はそれによってやりがいを感じるものである。

21■ほめる六分に注意四分——反応を明確にせよ

育成の基礎としてのやる気の問題では、ほめるだけでなく、まずいと思ったことがあればはっきり注意し、あるいは叱ることが必要である。

これは人の指導者として当然のことだが、ときとしてこれをやらない人がいる。すると相手はこれでよいのだと思い、不健全な考えや行動がはびこったり、規律が乱れて良心的なメンバーが迷惑し、そういうことを許す指導者に不信感を持つ。

なぜ注意することができないのか。それは指導者が、相手に十分信頼されていないという潜在意識があり、そのためにむしろ誤解や反感を買うことになりはしないかと思う点に原因があることが多いようだ。

それは、初対面のときにはっきりほめ、長所を認めておかなかったからかもしれない。ならば多少遅くともそれを今からやるべきだし、相手との接触が表面的でよそよそしいだけなら、改めて突っ込んだ話し合いをしたり、もっと親しくなったりすることが先であろう。気づいているのに言わないというのは最もよくない。

ただし、仕事の上での注意のしかたというのは、その結果がよければほめ、悪ければ注意するというほど簡単なことではない。自分がまずかったことがよくわかり心理的にまいっている人を、さらに責めるのはまずい。むしろ慰めて再起を求めるのが正しいし、成功したとしてもそれが全部自分の力のような顔をしているときには、逆によく注意を与えなければならないときがある。

ほめるべきをはっきり口に出してほめ、注意すべきを明確に注意することが必要なのは、これが部内の価値観を決めることであり、部下の行動に対する指導者の反応だからである。いいことをしても何も言わず、まずいことをやっても無反応と、部下から見て手ごたえがないときは張り切りようがない。明確な反応を一つひとつ示してこそ、躍動する職場ができあがる。

ほめる・注意するのバランスは、ほめる方がやや多いのがよいようだ。注意する分量が多すぎると、内部は消極的な空気になりかねないし、ほめてばかりいると甘くなり、ときには、おだてて使う気かと誤解される。

ほめる六分に注意四分くらいがよいところか。このへんは担当する職場の問題の多寡やメンバーの成熟度などによって違うが、だいたいほめる方が多いくらいがよいようだ。

育成の基礎である動機づけには、部下の行動に対しはっきり反応し、ほめる・注意することが必要であり、いずれにせよ指導者は、部下から見て手ごたえのある人物となる必要がある。

22 部下の方から言い出させよ——言われてやるのは面白くない

昔、私がある会社に勤めていたとき、こんなことがあった。

私の担当する仕事で、ちょっと考えねばならない重要な案件があり、私はそれをいろいろな角度から検討して、こういうやり方をすればよいなと考えを固め、その対策の長短も検討して、マイナスよりプラスが多く、これでよいと自信を持っていた。

ところがある日課長に呼ばれ、あの案件はこんなふうに進めてくれと指示を受けた。しかも課長の言うことは、自分があらかじめ考えていたこととそっくりなのである。考え方から手順まで似ていた。

私は自分の案を人に取られたような気持ちになったのであろう。その案はたしかに考えられるが、こういう短所、こういう危険もあります。そうした角度からもっと検討しないとやれないのではありませんかと反論した。

課長は黙って聞いていたが、じゃ、その点をもっと検討してくれと言った。結局私が最終的に課長の了解を得てやったのは、実質的に課長の指示と同じことであった。

同じ仕事をするのでも、言われてやるのと、自分の方から言い出すのとでは大違い。言われてやるのは面白くなく、自分から言い出してやるのは面白い。これが現実である。

このケースでは、もし私が先手をとって課長に検討結果を説明し、こうやりたいと言ったなら、課長はおそらく、同感だ、そう進めてくれと言い、私は喜んで仕事を面白くやっただろう。それが課長が先に言い出したので面白くない思いをしたのである。実行に移す段階では、正直言って私は意欲を失っていた。

やる気とは仕事が面白いこと。どうやって部下の仕事を面白くするか。

このためには、できるだけ部下への指示を控え、できるだけ相手から言い出させるようにすることが大切だ。新任の課長や係長のなかには、張り切りすぎて、この逆をやる人もいる。気が短くて全部部下の先手をとって指示し、部下は上から追い使われているような、いやな感じで、消極的になっていることもある。

みんなに言い出させることがうまければ、部下のやる気は自然に上がって能力も上昇していくものだが、このためには、部下から見て指導者が、言い出しやすい人でなくてはならない。

また個人的に親密になること。飲むのもいいし一緒に遊ぶのもよい。自分が部下から見て忙しそうに見えないように注意すること。忙しそうだと遠慮する。自分から部下の方に入っていき「おい、どうだい」「これはどう考えたらいいかな」と声をかけること。

同じことなら、先に部下から言い出させよう。

23■仕事を測らせよ

――スコアがわかれば面白い

仕事は、スポーツやゲームと同じである。遊びごとは面白いが、仕事は面白くないのだとしたら、ゴルフやテニス、麻雀や碁、将棋がなぜ面白いのか。そのわけを考えてみればよい。

これらは言うまでもなく、命じられてやるものではなく、自分の自発的意思でやるからである。いかに麻雀狂でも、〝きみ今晩接待麻雀をやってくれ〟と言われるのは、好かないものだ。

こうしたスポーツやゲームが面白いのは、自分でこうしたらよいのではと考えて手を打ち、その結果を見て、さらに考えてやってみる。それでうまくいくと喜び、まずいとがっかりし、さらに考える。このプロセス、過程が、面白さの正体だといえよう。

結果の勝敗は、実はそれほど面白さに関係がない。負けたら面白くないのであれば、スポーツやゲームをやる人は一人もいなくなってしまうはずである。

やってみて結果を見、さらに手を打つ繰り返しがなぜ面白いかといえば、そこには結果を明確に示すスコアというものがあり、これによって自分のやったことを評価でき、次の手を考える引き金となるからである。スコアを見つつ、それをどれだけよくするかを工夫することで夢中になる。

この原理は仕事でも全く同じで、仕事の結果を測る尺度があれば、仕事は面白くなる。どこの会社の社内でも、営業はやる気の度が他部門より一般に高いのは、売上高という共通の尺度で自分と同僚、自社と他社を比較できることに一因がある。

仕事を面白くやってもらおうと思ったら、部下に**仕事を測ること**を教えるのがよい。一般にライン業務はこれがやりやすいが、管理間接業務やサービス業務は、これが難しいように思われている。しかしこれは間違いで、自分を測る尺度はいくらでも工夫できる。

かつてある生産財メーカーの東京支店では、女性の営業アシスタント四人がグループをつくり、一カ月に約千件ほど受ける得意先からの電話を、自分たちの力だけで完全に相手に満足してもらえたと判断した率を測ることを決め、毎月グラフを描きはじめた。

測ってみると完全応答率が半分もなく、男性の担当者に電話を代わってもらわねばならないことがわかり、彼女たちは商品知識のなさを痛感、技術者を呼んで自主的に勉強をはじめた。さらにいろいろな工夫を皆で話し合って実行し、一年後完全応答率は八〇パーセントを超え、このグループは燃えに燃えたのである。

仕事はゲームと同じである。しかしスコアのつけ方は決められてはおらず、自分で自分の仕事の測り方を工夫しなくてはならない点が違う。この工夫がまた面白いのである。

面白くないのは、自分の仕事のスコアのつけ方が決まっていないからだ。これを工夫させるのが部下を完全に燃焼させるコツといえよう。

24 スリルを与えよ――部下の試行錯誤を許せ

スポーツやゲームの過程が面白いわけは、まだある。

それは、**考える面白さ**である。たとえばゴルフでも、スコアを見て、あれはティーショットでグリップが悪かった。こんどはこう変えようと考え、やってみる。それでうまくいったと喜び、うまくいかなければさらに工夫する。

だいたいこういうことは、こうやれば必ず思うようになるという方法がわかっていると、面白くない。また方法がわかればその通りできるものだと、また面白くない。考えてみるとこれは当然のことで、要するに結果が不確実で、どうなるかわからないから工夫が面白いのだ。

これならうまくいくと確信してやったことの結果がその通りにならず、よく考えもせずになにげなくやったことがうまくいくということも多い。要するにそのプロセスのなかにスリルとサスペンス（?）があるから面白いわけである。

仕事もまったく同じで、その方法でやれば結果が思い通りになるようなものは、誰がやっても面白くない。どうやって部下の仕事のなかにスリルとサスペンスを織り込み、これを味わわせるか。

そのためにはまず指導者が、部下の試行錯誤を許す心のゆとりが必要である。人によっては完壁主義が過ぎていて、部下のやることが心配でたまらない。それでいろいろ注文をつけ、がんじがらめにする。安全第一で部下が仕事を面白く感じるかどうかはそっちのけというのでは、部下が燃えるわけがない。

スリルを与えるとは要するに、自分が思っている相手の能力水準よりも少し上の能力を要する仕事を与えてしまうことだ。まだ新人だからとか、経験が浅いから無理とか言うのがよくない。いつでも相手の能力以上の仕事を渡すコツが身についているかどうか。

かつて、東京の下谷で、次のような話があった。

電話局に新しい交換手が入った。彼女ほどの身体障害度を持つ人が交換手となったのは、その人がはじめてであった。彼女はこれに感激し、立派にやってみせますと決意を述べたことが新聞記事にもなった。彼女は言葉通り期待にたがわぬ働きをし、一つの明るい前例をつくったのである。

人は、能力以上の仕事をもらったとき、感激し信頼に応えようとやる気を起こす。スリルのある仕事を渡すことはすなわち、相手を信頼していることの何よりの証拠であり、完全を願って能力相応かそれ以下の仕事をさせるのは、相手を信頼していないと思われてもしかたがない。

スリルのある仕事を与えよ。そうすれば相手は燃え、そのなかで自然に腕前を上げていく。**完**

壁主義は、やる気と育成の最大の敵である。

25 個人別目標を決めよ——すれすれの水準を

ゲームの面白さの、もう一つの源泉は、目標がはっきりしていることにある。碁で、今日はかれに三目置かせて勝ってやろう。ゴルフで今日は一〇〇を切ってやろう。今日は麻雀でこの前の負け分を全部取り返してやろうなどと考えるのは、すべて目標である。目標をはっきりさせ、それを意識すると（逆に意識しすぎてまずいこともないではないが）、少なくともその途中のプロセスは面白くなる。目標は明確なのがよい。

目標をはっきりさせ、何とかそれを達成するように考え工夫しながら進めば面白くなることは、仕事でも全く同じである。そこにはうまく達成できるかできないかのスリルがあり、挑戦してみようという気負いが仕事を面白くするわけだ。

部門としての目標はあるが、部下個々人の今年の目標というのを決めていない指導者がある。営業などではわりあい明確な傾向もあるが、生産部門や管理部門などでは一般にはっきりしていないところが多い。これはみんなが仕事に完全燃焼する状態をつくる上で問題だと思う。

部門の目標を設定するには、できるだけ部下の参加を受けてやるのがよい。そしてその上で個人別に、まず自分が今年達成したい目標を考えさせ、話し合ってこちらの意見も言い、決定してこれらを一覧表にし、全員に公開しておく。

ライン部門では目標を数字で設定しやすいが、目標は何も数字に限らない。今年度中に自分の担当の仕事をマニュアル化するとか、外部のこんな資格をとるとか、この制度の立案を何月までに終わるといったことでもよい。できるだけ数字で目標を決めることは望ましいが、これができにくいから目標は決められないというのは間違った考えである。

個人別目標を決めるには、二つほど注意がいる。一つは一人の人の目標の項目を多くしすぎないこと。できれば一つ。たくさんあっても、そうはできない。

もう一つ、目標の水準は高すぎても低すぎてもよくない。大事なのは「スリルとサスペンス」があることで、ちょっと難しいかな、でも一生懸命工夫してやれば、できないこともないだろうという、すれすれの目標水準がよい。高すぎるとあきらめて口先だけになるし、低すぎると面白みがなくなって、目標の意味を失うからだ。

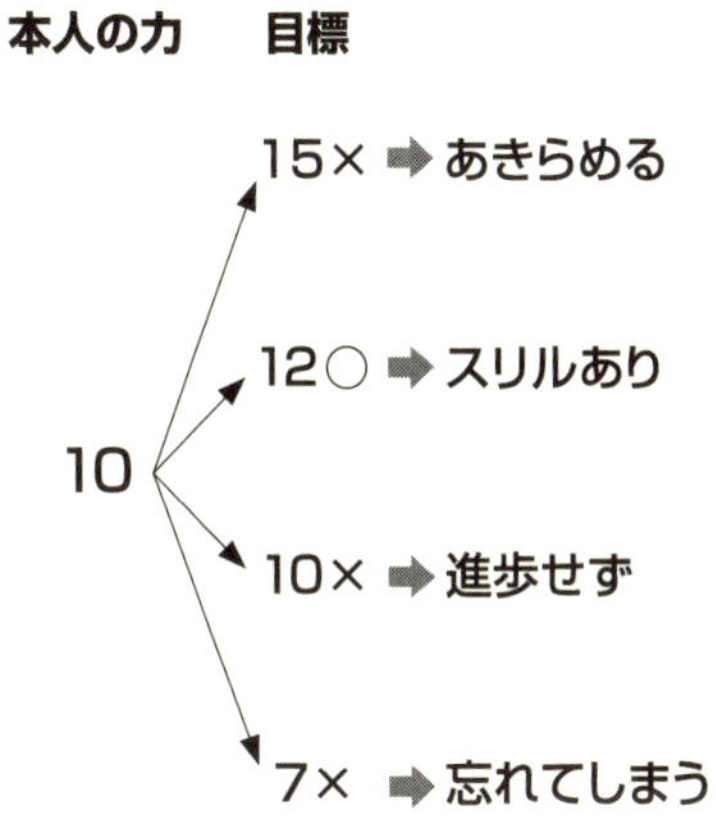

個人別の目標を徹底させるとチーム力を失うなどの副作用があるときは、個人別をやめてグループ別にする。とにかく皆の目標がはっきりし、これに挑戦しようとするときに活力が生まれるわけだ。

26 グループ活動を成功させよ――成すべき二つのこと

QCやZD、あるいはその会社独自の名前をつけた小集団活動を進めている会社は依然として多い。

この原理は、同質の小さいグループ単位の仲間どうしで自主的にテーマを決め、その成果を測る尺度を設定し、それをよくするようにみんなで工夫し、その結果をまた測って工夫改善を繰返せば、仕事はグループのゲームと同じになって面白く、かつ会社の業績にも貢献できるということ。要するに仕事のゲーム化のグループ版である。

指導者の仕事の一つは部下にやる気を起こさせることであり、これは指導者にとって有力な動機づけの方法を与えてくれたということである。自分の部下のグループ活動を成功させることは、自分の仕事そのものであり、何か他の部門がやっている別のことだなどと思うのは、むろん大きな錯覚である。

グループ活動に対する指導者の役割は、大きく見て二つある。その第一はグループ活動に対し常に関心を持ち、それを態度で示すこと。発表会などにはいくら忙しくても必ず出席する。ときどき「うまくいってるかい」と、声をかける。成果をあげている他のグループの状況などを話し、刺激する。自分の行動で関心の深さを示すことが大切。

もう一つの役割は、うまくいっていないグループの状況をつかみ、それを間接的にバックアップすることである。テーマや測定尺度が見つからないなら、そのなかの誰かにヒントを与える。リーダーが他のメンバーとうまくいかないなら、かげでリーダーやメンバーにアドバイスする。グループの分け方がまずいなら皆と相談して変えさせる。

出てきた改善案を皆でやるのに障害があれば、それを取り除いてやったり、他部門と交渉して話をつけ、やりやすくする。いい考えをほめる。考えばかりで実行に移る気配がなかったら、刺激して実行に移るようにしむける。うまくいかない原因はさまざまだが、とにかくそれを見つけてうまく誘導し、成功させるのが指導者の役割である。

この際気をつけねばならないのは、日常業務のように指導性を発揮してはならないこと。主役はあくまでもグループのメンバーであって、自分は影の役である。仕事を面白くやるには、グループメンバーが自主的に、自分たちの考えでやることが大前提である。

みんなの眼には、指導者が大いにグループ活動に関心を持っている、温かく見守ってくれていると映るだけでいい。バックアップは目立たないほどよく、気をよく配って自由闊達にグループが活動できるよう、障害を黙って取り除くのが役割である。

そして指導者は、グループ活動から出てくる改善以上の、もっと次元の高い改革を志すこと。みんなが改善をやるのに乗っかっているだけでは、指導者の価値はない。

27 達成をともに喜ぶ——「一段落」を活用せよ

育成の前提条件としての「動機づけ」に必要なことはいろいろあるが、そのなかで大事なことの一つは、仕事が一段落し、終わったときをどう活用するかということである。

知的活動の増加に伴い、プロジェクト・ワークが増えている。研究開発のような長期のものから、生産技術や設計のプロジェクト、あるいは各部門の改革にかかわるスタッフ・ワークなどは、いずれも経常業務でなく、特定テーマを何人がかりかである期間やり、終わったら次のプロジェクトに移る。これらはいずれも企業の業績を大きく左右する重要な働きである。各種の行事やイベントなども、複数の人がやるプロジェクト・ワークである。

一つのプロジェクトが終わったときには必ず反省会をやり、よかった点、次にやるときには気をつけるべき点を語り合い、達成をともに喜び、激励することが大切である。これは次回によりよい仕事をするためだけでなく、この語り合いを通して、苦楽をともにした同志の一体感がより強く固められ、かつその達成の喜びが仕事への自信を増幅させ、それが新しいやる気に転化するからである。

これはプロジェクト・ワークでなく営業や生産などの経常的な活動でも同じで、区切りごとに定期に語り合うことはきわめて重要なことだといえる。恒例化してマンネリとなることを戒め、新たな意気込みで次の目標に挑戦の意気を盛り上げる契機として、十分に活用したいものである。

こうしたプロジェクト・グループの動機づけではなく、個人に対する動機づけでも同じことがいえる。たとえば、特定の部下に頼んだ難しい仕事が一段落したときや、未経験の仕事に挑戦させてそれが成功したときなどは、必ず二人で話し合いを持ち、ほめるべきをほめ、自信をつけさせるのがよい。

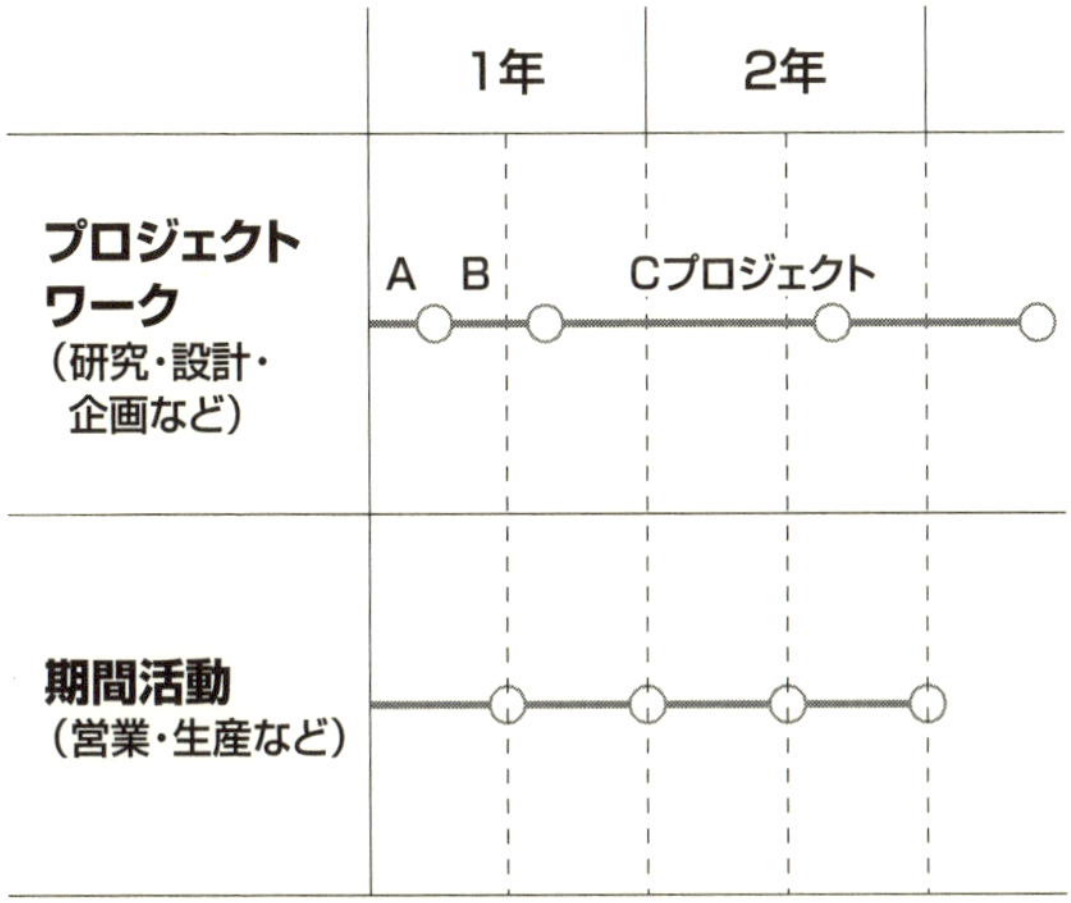

○ 達成をともに喜ぶ時期

自信がないときは受け身になり、自信がつくと積極的になる。そして人間は存外、自分の判断だけでは自信が持てず、人から言われてはじめて自信がつくという一面を持っている。

そして自信を持たせるには、ひと仕事終わってやれやれというタイミングをうまく活用するのが大事である。これは、達成感、一つやりとげたという満足感を部下と共有しようということで、自分と部下との信頼関係もさらに強く固められる効果を持つことを知っておきたい。

28 組織を爆発させよ

――魅力的共同目標が立てられるか

ある中堅機械商社の大阪支店は、誰が支店長になっても業績の上がらない、万年赤字の難物支店と社内で見られていた。

気の進まないまま異動で大阪支店長として赴任したO氏は、店内の印象は暗く、得意先の挨拶回りでは苦情を言われ、営業店なのに朝の出勤は悪く、予想外の売掛けの焦げつきがあるという事態を発見し、どうこれを打開するかに悩んだ。

気を取り直した新支店長は、着任三カ月後に全員を集め、三年で売上倍増の目標を打ち出し、この目標を達成したら、この陰気で不便な事務所を都心の梅田に移転すると述べた。

この発表のあと、店内には違った反応があらわれた。出勤が早くなり、会議が活発化し、夜遅くまで議論する日々が続き、売上は急速に伸びはじめた。そして三年後の目標は二年で達成され、同時に新事務所に移転が行われた。

全員で飲んだとき支店長は、中堅社員の一人からこんな話を聞かされた。新支店長の赴任前から、みんなこんな悪い業績では恥ずかしい、何とかせねばと思っており、そのためにまず新しい場所に移って気分一新することが必要と考えていた。

しかし万年赤字の店では前例からも、移転を言い出しても許される望みはないというジレンマに陥り、もやもやしていた。そこへ新支店長が、ここまでいこう、そうしたら移ると宣言したので、みんなのジレンマが一度にふっ切れ、わっと全員で走り出したのです、と。

みんなが心の中で共通に求めているのは何か、その潜在的願望を正しくつかみ、全員が、そうだ、やろうと立ち上がるような魅力的な共同の目標を打ち立てると、その組織は一挙に爆発し、今まで想像もできなかったことを短期間に成しとげてしまうものである。

組織を爆発させるチャンスは、指導者が交替したときが最もよい。新しいポストに移ったとき指導者は、どうやって組織を爆発させるかを考えなくてはならない。どのようにして皆の潜在願望をつかむか。これには新任の時に必ず、全員に個別に会い、それぞれの仕事の内容や障害、問題意識や希望などを、必要なら個人的事情も含めて、できれば二時間以上の時間をかける。なるべく個室がよい。これをもとに職場の活動を視察し、何が爆発を妨げているかを洞察し、どんな旗をあげたら皆がわっと立ち上がるかを考える。

魅力的な共同目標を設定することによって組織を爆発させる能力は、第一線の指導者から必要であり、そして上級幹部へと進むにつれ、この力はますます重要度を増す。今から錬磨を心がけよう。

29 単純さはやる気の敵
――仕事を複合化せよ

ある耐久消費財をつくっている会社で起こったことである。

アフターサービス部門のサービスマンが次々と辞めていき、定着率が悪い。新任の幹部が事情を調べたら、どうも仕事がつまらないと言っていることがわかった。

今のしくみを調べると、家庭からの故障修理の申し込みは窓口部門が受け、サービスマンのところに依頼票を渡す。待機していたサービスマンが家庭に出向いて修理し、ハンをもらって帰って伝票を窓口に返す。サービスマンは全くの受け身で、出勤すると部屋で待機し、帰ってきてまた部屋でごろごろしている。修理もほぼ型が決まっていて、型通りの仕事であることがわかった。

そこでこの新任幹部がやったことは、まず修理受付の仕事をしている女性をこの部屋に移し、サービスマンの部屋で一貫してこれをやることにした。サービスマンを四グループに分けて大ざっぱに地域割りをし、グループの成績は修理売上金額で見ることにし、メーカーが負担する修理も金額を見積もって売上金額に加算する方式をとった。そして何をやってもいいから売上をあげろと言った。

するとあるグループは、座って待つだけでなく、みずから小売店を回りはじめ、成績が上がってきたので他のグループがまねを始めた。あるグループは、お金にはなるが皆が敬遠していた修理を他のグループの分まで引き受けるようになった。他社品まで修理をとってくるグループも出た。

いろいろな工夫が競争ではじまり、部門内は活気づいて辞める人がいなくなって、逆に増員がはじまり、最後は七グループまで成長したのである。

この場合、最初サービスマンがやっていた仕事は完全に受け身で、伝票がこない限り動きようがない。やることも単純で、ぶらぶら時間が多いという状態で、とても仕事に面白みのあるしくみとはいえなかった。それを修理売上金額という測定尺度を与え、それを増やすことを考えさせ、そのためには何をやってもいいと、ほかの仕事まで複合的にやる自由を与えたのが、全員が大きく変わった原因であった。

自分の部門のなかで単純すぎる仕事をしている人がいないかどうか。もう一度個人別に点検してみる必要がある。かれまたは彼女の経験年数と能力では、これではつまらないのではないかと思う人がいたら、その人の職務を拡大し、それに関連ある隣接の仕事まで一緒にやってもらう。なければ関連が薄くとも他の仕事も兼ねてもらう。

そしてできればこの例のように、仕事を測る尺度ができればさらによい。単純すぎる仕事は「やる気の敵」であり、能力向上の敵である。まだまだみんなは力を持っている。それを発揮させる方法を考えよう。

30 台風の目となれ

——やる気は勢いである

台風の中心には目があり、これを中心に大気が速い速度で回転し、すべてを巻き込みつつ進む。この場には、巨大なエネルギーが働く。

やる気を起こさせ、動機づけ、活気に満ちた職場をつくるのは、**勢い**であると思う。まず自分が中心となってフル回転し、みんなを巻き込んで巨大なエネルギーをつくりあげる。これは必ずしも円熟した人使いの名人でなくとも、新米の指導者でもできる方法である。若いときは経験はないのでエネルギーしかない。その自分の財産をフルに活用するのだ。

まず朝は誰よりも早く出勤する。誰か出てきたら大声で〝お早う〟と言う。仕事をばたばたと勢いよく片づけていく。一つの仕事をしている間に次にやる仕事を考え、すきまなく働く。時間が空いたら部下に「どうだい」と声をかけ、話を聞く。他部門にも回る。一秒もじっとせずにフル回転する。これは若いときの特権で、年をとったらこれはできない。

会社のなかにはときどき、「決裁屋」とでも呼ぶべき人がいる。じっと自分の机に座り、自分の方から部下のところにいくことはほとんどなく、部下が何かの要件を持ってきたらおもむろに検討し、イエスかノーか、あるいは保留かを言う。これが決裁屋さんである。

このような人の下では決して活気は湧き上がってはこないので、静かな、そして沈滞した職場ができあがる。活気の源泉は、指導者の方から部下やグループメンバーに働きかけるアクティブな力。こちらの方から部下に積極的に接触し、仕事の状態や困っていることを聞き、自分の考えを言い、注意し、ほめ、宿題を出す。これを猛然とやるのが若手指導者のやり方だといえよう。

とにかく座っているのがまずい。もっと部下の方に入っていくこと。人によっては部下は自分が呼びつけるもので、自分が歩いて部下の方にいくのは逆だと考えている。これは全く時代錯誤の封建権威主義であって、これではやる気を引き出すことはできない。

むろん、大したことではないのに騒ぎたて、みんなの仕事の妨害になるのは避けねばならないし、こちらから持ち出す話があまりにも多すぎて部下が受け身になるようなのもよくない。しかしここで言いたいのは、部下の方に自分から入っていくことによってはじめて、職場での同志感や一体感ができあがるということである。

昔、『リーダーズダイジェスト』誌に、

十時まで愉快にやりなさい。すると時間は、うまく行きすぎる。

という言葉が載ったことがある。朝のスタートダッシュが大切だ。これを勢いよくはじめると、充実感に満ちた一日が持てるということらしい。

動機づけは勢いである。とくに若い指導者は、エネルギーが自分の最大の財産であることをよく自覚し、みんなをことごとく巻き込む巨大な台風の目に成長してほしい。

第1章
第2章
第3章
第4章
第5章
第6章
第7章
第8章

第3章

育成の共通原則

育成のための基礎づくりの問題から、
いよいよ人を育てる直接の方法に移る。
育成は基本的に人間に対する働きかけを意味するから、
厳密に言えば育てようとする相手によって全部育て方は違う。
しかしここには比較的共通度の高い法則もまた存在している。
育成の共通アプローチには、直接法と間接法がある。
直接法とは、手をとって教える、ほめる、注意するといった
相手に直接働きかける方法であり、
間接法とは、相手が伸びざるを得ないしかけをつくって
自然に変化させる方法である。
まず直接法から述べてみよう。

31 言うべきははっきり言う——好みの問題ではない

コンサルタントとしてある会社に行ったとき、仕事の関係で、ある課の内容を詳しく調べることになり、そこの課長及び課員全員と親しくなった。

その課のなかに、みんなの評判が悪く、孤立している一人の中堅社員がいた。一つの係の次席なのだが、仕事を独り占めにして横の連絡が悪く、部下にも任せない。ところがかれの立場は他の係全部に関係していることなので、かれがどたん場になるまで言わないと、みんながキリキリ舞いをさせられる。係長はかれの一年後輩にあたり、なんにも言えない。

ところが課長は、これを知ってか知らずか、かれには何も言わない。課長は何をしているんだという気持ちが、課内に広がっているように思われた。

課長から別のことで意見を求められたとき、私はこのことを言い、かれをどう思っているのかとたずねた。課長は困ったような顔をし、それはわかっている。しかしかれに注意をしても、おそらく効果はないでしょう。それに、どうも自分はそういうことは得手でなくて気が進まないという。

それはまずいと思いますよ、と私は言った。部下がまずいと思ったら、それははっきり注意しなければならない。相手は、言われないとそれに気づかなかったり、あるいはそれほど重大とは考えていないかもしれない。それにこれを放置して、みんながあなたに不信感を持つようになると大変だ。あなたは気が進まないかもしれないが、まずい人に注意するのは自分の好みでやったりやらなかったりするものではなく、管理者としてのあなたの職務なのだ。あなたの給料には、「叱り代」が入っているのですよ、と言ったことがある。

まずい部下を見て見ぬふりをする指導者は、ときどき、注意するのは好みの問題で、自分に自由に任されていると錯覚している。これは大きな間違いで、それは自分に課せられた責任事項であり、その好き嫌いにかかわらず、そうしたことがあったとき必ず自分がしなければならないことであることを確認したい。

この課長の場合、まじめだが、ややおとなしく気弱なところがあり、私も同情したのだが、しかしこの結果、課長はかれと話し合いをしたらしく、一年ほどたって再び訪問したとき聞いた話では、問題の人は相当変わり、悪い評判は少なくなっていたようであった。

まずいなと思ったときは、言うべきことを相手にはっきり言う。それが指導者としての第一課であって、相手のことを自分が心配していることを行動で表わす道である。言うべきことを言わないのは、人間として相手に愛情を持っていないからだ。叱られてはじめて、上司が自分のことを真剣に考えてくれていたのかと思うケースも多い。

32 注意は一対一

——みせしめ厳禁

指導者が部下をがっくりさせ、やる気を失わせるような癖というのはいろいろある。そのなかには、同僚のいる前で特定の人を叱るというのがある。これは通常逆効果であることはよく知られており、叱られた本人は、言われた内容よりもむしろ他人にそれを聞かれた屈辱感の方が強く作用し、真剣に自分で反省するよりむしろ、叱った人を恨んだり不信感を持ったり、言いわけを正当化しようとの衝動が先に立つ。

注意をする目的は、あくまでも相手がそれによって変わることにある。したがって他人の前でこれをやったり、他の人に聞こえるような場でやるのは目的に合っていない。だからこれをやられると相手は、ほかに何か含むことがあって注意されたと思ってしまう。

相手に注意するときは一対一、他の人に聞こえないところでやるのが原則である。これは厳密に守ることが大切だ。

しかし、これには反論もある。一つは、「見せしめ」が、ときには必要だというもの。みんなの前で誰かを注意すれば、ほかの人も、これはいかんと考えるようになるだろうというわけである。

しかし、これはそうはいかない。ほかの人は、ザマみろとか、かわいそうにとか、あるいは他人ごととして聞きすごすのがふつうである。みんなに共通的な問題なら、人の名などを言わずに、それはそれとして全員に正式に注意するのがよい。

みんなが不信感を持っている特定の一人に対し、人前で叱り、指導者がかれを問題と考えていることを明らかにすれば、みんなも指導者を信頼するし、これを聞いたみんなが、問題の人を牽制するからよいという考え方もある。

これはその人に対し、いろいろなことをやった結果、方法が尽きたときの最後の手段としては許されるかもしれないが、この例外を除けばやはり問題であろう。注意をするのはあくまでも相手を変化させることであり、このやり方は本人をかたくなにする。まわりの牽制といっても、それは建設的な歯止めとはいえず、ときにはいたたまれなくなって本人が辞めるというフェアでない結果となることもある。

一対一で注意を与えるにも、その問題を相手がどれくらい自覚しているか。どれくらいかたくなか。なぜそうなっているかによっては、ストレートにやっても効果がないこともある。

相手の心を開かせるのが先決と思われるときや、ストレートに言っても逆に不信感を抱く可能性が考えられるならば、まず仕事を離れた場所でじっくり相手の話を聞き、その上でこちらの考えることを言い聞かせることが必要だろう。

33 ■ 過去はすべて〝時効〟

——大事なのはこれから

ある課長は、こんな癖を持っていた。

部下が何かまずいことをやっても、黙って見ている。そしてこれが何度か重ねて行われると、その部下を呼び、おもむろに舌端を開く。

〝だいたいきみは不注意だ。こんなことでどうする。これは今にはじまったことではない。この八月にはこうだった。三月にはこうだった……〟

という調子で、だんだん前に遡《さかのぼ》って叱るのである。

これでは部下はたまらない。そんな前から黙って見ていたのか。こんな底意地の悪い人なのかと皆萎縮してしまう。言うべきことを貯めておいて、一気に放水する。これは〝ダム式重ね叱り〟とでもいうべきか。

過去のことを引っ張り出して叱るのはよくないでしょうと言うと、この課長は自分の経験を語った。かれは前に課長を務めた部門で、頑固なまずい癖を持った男に会った。何度注意しても効果がなく、これは手に負えんとあきらめてしまった。

ところがある日、その男がまた同じことをやっている。カッとなった同氏は、〝けしからん。何をやっているのか。この前もこうだった。その前もこうだった……〟というけんまくでまくしたててしまった。そうしたら、その癖がぱたりとやんでしまった。だからまずい癖を直すにはこれに限る、と言うのである。

これは指導者の人の使い方というものが、多分に自分自身の成功や失敗の経験から出ていることを示している。経験から学ぶことは非常に大事なことである。しかし、ここには重大な間違いがある。それは、〝ダム式重ね叱り〟がその特定の人に効いたからといって、他のすべての人に効くとは限らないということである。このケースは特殊な例といえよう。

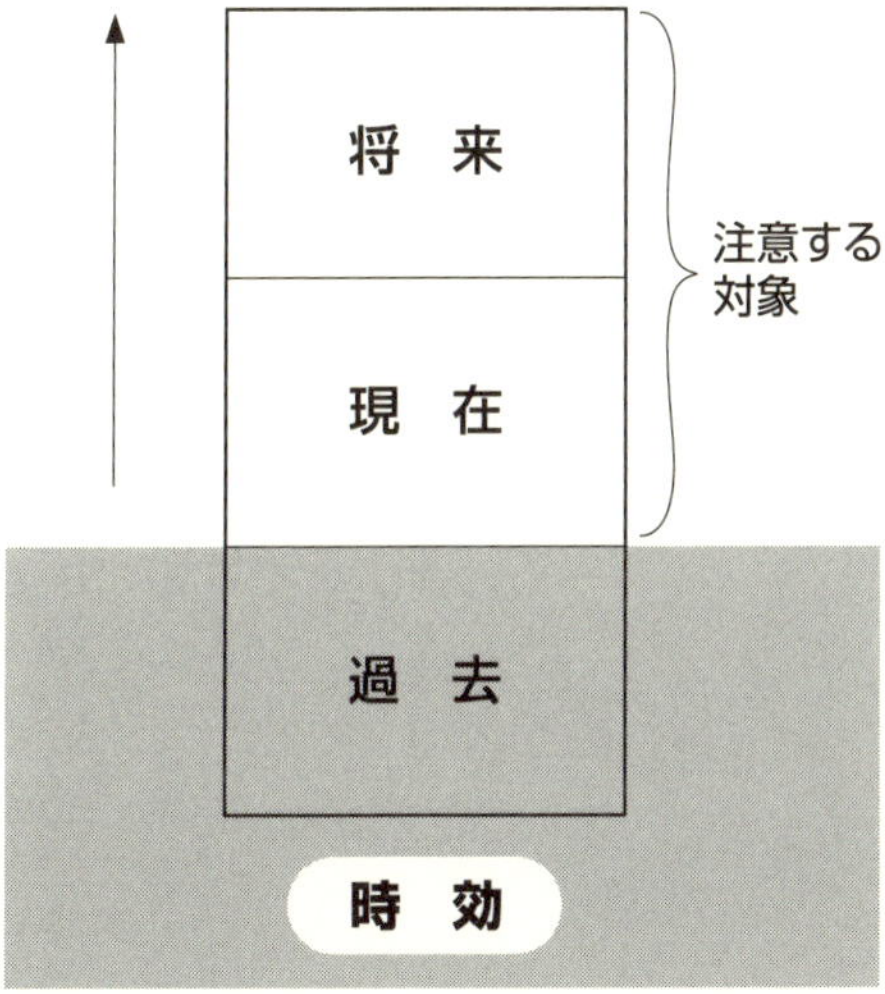

人を何とか育てようと思ったら、絶対過去のことをあげつらわないのがよい。過去はもうすんだこと。大事なのはすべてこれからである。要するに過去のまずかったことは、すべて〝時効〟と考え、忘れてしまう。注意をする対象は、かれ（または彼女）の「現在」と「将来」であって、過去は対象外と考えるのが正しい。

過去は時効。これはよく憶えておきたい。

34 発散のために叱るな
——感情排除三カ条

若い指導者の部下への注意のしかたを観察すると、ときどき、自分のなかに鬱積《うっせき》したものを発散するために叱っているように見える人がいる。

最初は冷静なのだが、話しているうちにいろいろなものが頭をもたげ、感情が入ってきて、自分のしゃべる言葉に自分が反応し興奮してしまう。これは最もまずい叱り方である。

これがまずいのは「ダム式重ね叱り」と同じで、こちらの言葉から相手が〝感情〟を感じ、それがいやなものだから、それだけでカラを閉じてしまう。これではせっかく相手に伝えようとする内容が、全部ムダになる。相手に少しでもよくなってもらおうと思ってやることなら、絶対に感情を入れず、最初から最後まで冷静に、計算ずくで、出す言葉の順序を選ばなくてはならない。

相手をよくする目的を忘れて感情が入り、むしろ自分を発散することが目的になってしまうように見える人は、人間が未熟で稚《おさな》いのだと言われてもしかたがないだろう。要するに、自分を自分でコントロールできないということ。

とは言っても、しょせん人間は感情の動物。自分をうまくコントロールすることは、誰でもそれほどうまくいっているとも思えない。

この点について、米国の経営心理学者オーレン・ユーリス教授は、面白いアドバイスをしてい

る。それは、自分が興奮しはじめたかなと思ったら、

まず、声を落とし

もっと、ゆっくり話し

そり身になりなさい

というのである。

「声を落とせ」というのは、大きい声で話すと、その大声が自分の耳にアクセルをかけ、さらに興奮を大きくするからである。悪循環は困る。まず声を落とす。「ゆっくり話す」のは、感情が入ると早口になり、声の高さと同じ悪循環をもたらすからだ。意識的にゆっくり、低い声で話す。「そり身になりなさい」はわかるだろう。興奮してワッワッワッと話す人を見ると、必ず前かがみになっている。そり身になるとこれができない。前かがみになって相手の顔に近づき、胸部を圧迫するのも悪循環の種かもしれない。

声を落とし、もっとゆっくり話し、そり身になりなさいというのは、面白い教えであると思う。自分が注意したり叱ったりするとき、ややもすればそうなりやすいと思う人は、この三カ条をよく憶えていて、どうも興奮しはじめたかなと思ったら、パッと調子を変えるとよい。

感情を入れて怒ってはいけない。叱るというのは冷静に、感情を厳密に排除して話すことである。

35 注意は一時に一つ——直すことはシリーズに

昔のことを引っ張り出す「重ね叱り」に対し、必ずしも昔のことばかりではないが、一度に二つも三つものことを注意してしまう人がいる。

これは日常の職場で注意を与える場合よりも、個別に面談しているときに起こりやすい。改めて話す機会がなく、いろいろ「たまっている」ときにも、こんなことが起こる。

しかしこれも重ね叱りと同様、賢い方法とはいえない。誰にでも弱点はあるし、列挙されればごもっともということになるが、いろいろ一度に言われては気が滅入《めい》るばかりである。

第一、いろいろなことを一度に注意されても、実際に心がけて何とか直せそうなことはせいぜい一つ。そんなに二つも三つも一度に直せるような器用な相手は少ない。このことも、相手が本当によくなってもらいたいという気持ちがあり、そのために最も有効なやり方をしようという合理的な考えを持っていれば、この誤ちを犯さずにすむ。まず一つ注意し、それが直るまで冷静に注意を繰り返す。そして直ったなと思ったら、次の注意をする。パラレルでなく、シリーズにやる。

部下や後輩に注意をすることについては、このほかにも気をつけねばならないことは、いろいろある。

相手の人格にかかわることまで言いつのるのはよくない。これをやると、相手は〝そう言うあんたは何だ〟という気持ちになって、言いたいことはそっちのけにされ、あとの関係も悪くなってしまう。

価値観が自分と違う相手に対し、相手の価値観に従って説明し、なぜ悪いのかということを、丁寧に、そして相手の腑《ふ》に落ちるように順序立てて話す必要がある。頭が固く、自分の価値観から抜けられない人や教条主義者は、とくに若い層の信頼が得られにくい。

注意するタイミングも当然重要である。原則は、まずいなと思ったとき、ホットなうちに注意すること。タイミングがずれると、相手は忘れたり実感が伴わなくなったりして効果が落ちる。注意するチャンスを失ってしまったときは〝時効〟と考え、忘れてしまう。

要するに、注意する人自身、まず相手から信頼され、少なくとも相手にとって、「自分のいい点を知ってくれている」と思える人でなくてはならない。そしてあくまでも、同じ職場で縁あって一緒に仕事をしている相手に、少しでも役立とうとする気持ちがいちばん大切である。そして自分の言いたいこと、相手に変わってもらいたいことそのものから相手の注意が分散しないよう、相手が快く聞いて受け入れる気持ちを損ねないように、よく考えて注意することである。

36 まず模範になれ

――部下は上司・先輩に似る

以上で直接法による育成を終わり、こんどはしかけによって自然に相手を変える間接法に移ろう。これは知恵と言行の一致が要り、直接法よりも難しい面を持っている。

育てるための間接法第一の原則は、部下に説教する前にまず自分自身が、部下や後輩に、実際に行動で模範を示すことである。

まず、誰よりもよく働く。体を動かすだけでなく、いつでもよく考えていて、先へ先へと手を打っていく。仕事の進め方は計画的で冷静、公私のけじめがはっきりしていて、部下や後輩にも親切というふうに。

むろん完璧な人などいないから、何でも一〇〇点というわけにはいかないが、とにかく自分のペースで一生懸命、できるだけの努力をすること。これが育成の第一課である。

部下や後輩は、上司や先輩の考え方や実際の行動を実によくまねるものである。かれらは一見、見ていないようでいて実によく上司を観察している。そして上司のいい点も、まずい点も、実によくまねる。ここが注意を要するところだ。

自分がよく働けば部下も自然によく働き、自分がサボっていれば、あの程度まではいいんだなと考えて部下は同じことをやる。自分が朝の出勤が遅い習慣なら、部下の出勤もだらしなくなるし、自分が早ければ部下も早くなる。要するに部下は自分の鏡で、自分がきちんとやっていないで部下に不満を持つなどは噴飯ものである。

会社から帰って夜晩酌をやり、寝ころんでテレビを見ながらごろごろしている親が、一緒に見ている子供に「勉強しなさい」とか「早く寝ろ」と言う滑稽な光景が、ときどき見られる。

子供がぐずぐずするのはあたりまえで、これは子供にもごろごろしろと言っているのと同じこと。万事自分が誘惑に負けやすいことは、子供もとくにまねをしやすい。帰宅して夕食後、自分が読書や調べものをするようなら、子供も自然に違ってくる。

教育というのは子供でも部下後輩でも全く同じ原理で、まず自分が部下にあってほしいと思う状態を自分でやって見せ、実際に行動し続けることからはじまる。よけいなお説教は要らない。黙ってこれをやっている間に、自然と感化されてしまうというのが、いちばんよい育成法である。

指導者がやることは、部下が全部見習う。とくに自分が誘惑に負けるところこそ確実にまねされてしまう。見習われてまずい点はどこにもないか。一度自分の全行動を総点検してみよう。

37 部下にはできないことをやれ

——部下と競争するな

指導者がやることをひと口で言えば、二つある。それは、

・誰がやってもいやなこと

・部下にはできないこと

この二つである。これができれば立派な指導者だといえる。

誰がやってもいやなことを誰がやるかによって、部下からの信頼感が大きく変わることはさきに述べた。問題は「部下にはできないこと」は必ず指導者がやるということである。

課や係には、それぞれ成しとげねばならないいろいろなことがあり、そのために指導者と部下のメンバーがいる。みんなそれぞれ、いろいろな能力を持っており、それぞれの能力に応じて仕事を分担するわけだ。

つまり、指導者と部下は、仕事を分業している。各人がヨコに仕事を分業しているのに対し、これはタテの分業である。指導者は何も人間として偉い人ではなく、要するに部下にはできないことを分業して受け持つ人を意味している。

だから指導者は、部下にできそうな仕事を重複してやってしまってはいけない。部下にはできない、指導者にしかできないことはたくさんある。会社全体の要請から自分の部門の成すべきこ

とを決めること。目標を設定すること。他部門を説得すること。部下の仕事を調整し、チームワークをつくること。その他部下にはできないことすべて。

ところが、部下にはできないこのようなことをほったらかして、部下にできる領域に侵入し、部下の仕事を奪い、あるいは部下と競争してしまう人がいる。これでは、自分の能力も生かせないし部下も成長しない。こうした愚をおかさないよう、部下とは「分業である」ことを強く意識すること。

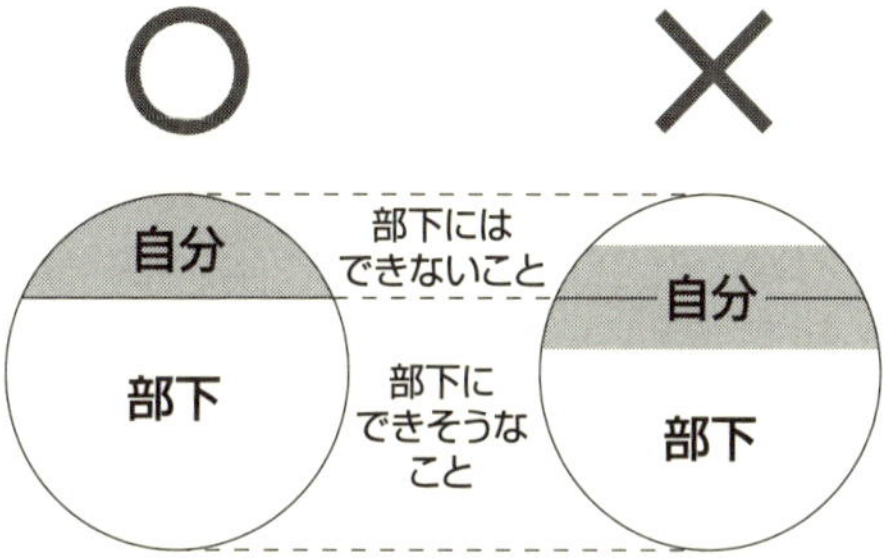

しかし「部下にはできないこと」については、とくに注釈が要る。これは部下には自分ほどうまくできないことを意味しているのではなく、部下の立場上できないことを言っている。自分ほどうまくはできないが、自分が応援すれば何とか格好がつくものは、すべて仕事を任せる対象であることに注意したい。

自分がすべてやろうとしても、それは物理的に無理である。全員の力をいかにうまく活用し、自分は部下には立場上できないことを中心に分業する。全体の仕事のなかで、まだやっていない大事な仕事はないか。自分は部下にできることを競争し、あるいは重複してやっていないか。一度、よく考えてみたい。

38 指示は腹八分――過剰指示は脳みそを奪う

部下に対する指示が細かすぎる人がいる。

部下に任せなくてはならないことは、知識としては知っている。ところが実際に任せることになると、心配で心配でしかたがない。それでついつい、

〝こういう順序でやってくれ。ここはこうやる。ここはこの点に注意してくれ〟

などと、部下から見ると、そこまで言わなくてもわかっている、こっちが考えるのにと思うようなことを細かく指示する。

このタイプは、新任管理者など人を使うことの経験が浅い人に多い。また技術者や専門職出身の指導者にも、よくあるタイプである。

仕事に完璧を期そうというのはよいことのように見えるかもしれないが、このやり方は相手に測り知れないダメージを与えるものであることに注意したい。それはなぜか。

細かく指示された部下は、はじめ信用して任せてくれないのかと不満と不信感を持つ。しかし会社をやめる気持ちがなければ、〝わかりました〟と上司に合わせ、言われたことをその通りにやるしかない。それで言われたことを毎日繰り返す。

そのうちに、言われた通りに動くのがいちばん楽だということを悟り、言われてはじめて動く

という姿勢が定着し、受け身の人間になっていく。しかし若いエネルギーは、こうした状態のなかで鬱積し、エネルギーは仕事以外のことに注がれ、仕事に身が入らなくなる。

こうして自分の頭でものを考えない年月を過ごすと、そのうち自分で考え判断する能力を失ってしまう。ここが重大なところであって、いい年になったがどうも人を使う役にはつけられない人というのは、こうしてつくられる。**人は自分で考えることをやめると、考える能力そのものまで失ってしまう**ものである。

自分が細かすぎる指示をしていて〝どうもかれは消極的で困る〟などと嘆く人がいるが、これは自分がそうしてしまったということを知らないマンガ的人物といえよう。部下の人生をおかしくしてしまう意味で、過剰指示は大罪である。

部下への指示は、自分が十くらい言わねばならないと思ったらグッとこらえ、これを八分に抑えることが必要である。これは相手に考えさせる余地を必ず残すということであって、新人にも中堅社員にも、それぞれ相手の能力に応じて常に考えることが大切だ。

こうしたことは、人を使う経験を積むことによって自然に身につく性格のものではあるが、反面いくら経験年数が長くなってもいっこうに変わらない人もいる。これは一種の殺人者、ただしその結果が相当先に判明する種類の殺人者であるといえよう。

指示は腹八分。絶対に腹一杯の指示をしないこと。この自己満足が人を殺す。

39 背伸びの余地を残せ——全部は手伝うな

部下一人ひとりの能力はみな違う。

したがって仕事の任せ方は、相手によってみな違うことになる。任せるのが大切だからといって力もないのに任せてしまっては、仕事もうまくいかないし部下も困る。これは当然のことだ。指導者は相手の力に応じ仕事を任せたうえで、相手の仕事がうまくいかないときはかれをバックアップし、そのギャップを埋めるのが重要な仕事である。任せたのにうまくできないのはかれが悪いと決めつけても、事態は決してよくならない。

このバックアップのやり方には注意がいる。たとえばここにA君、B君、C君がおり、それぞれに与えた仕事の目標を一〇〇として、A君は六〇、B君は四〇、C君は八〇くらいの能力を持っているとしよう。

このときA君のギャップは四〇あるから、指導者はこのギャップを全部埋めるよう自分がバックアップする理屈になるが、四〇を埋めてしまうというのは間違いで、応援や自分が直接指示することは、たとえば三〇くらいにし、A君の力との間にすきまをつくるのが正しい。

全部埋めてしまうと、A君は、自分が今の力でできることしか経験できず、能力は伸びない。さらに悪いことには、ギャップを指導者がいつでも全部埋めてくれるようであるとA君は安心し、依存心が起きる。依存心は退歩のはじまりである。

要するにバックアップには、常に相手の背伸びの余地を残しておかねばならない。人は背伸びを続けているうちに、自然に身長が伸びてくる。親切すぎて部下を完全にカバーしすぎると、過保護社員をつくってしまうのである。

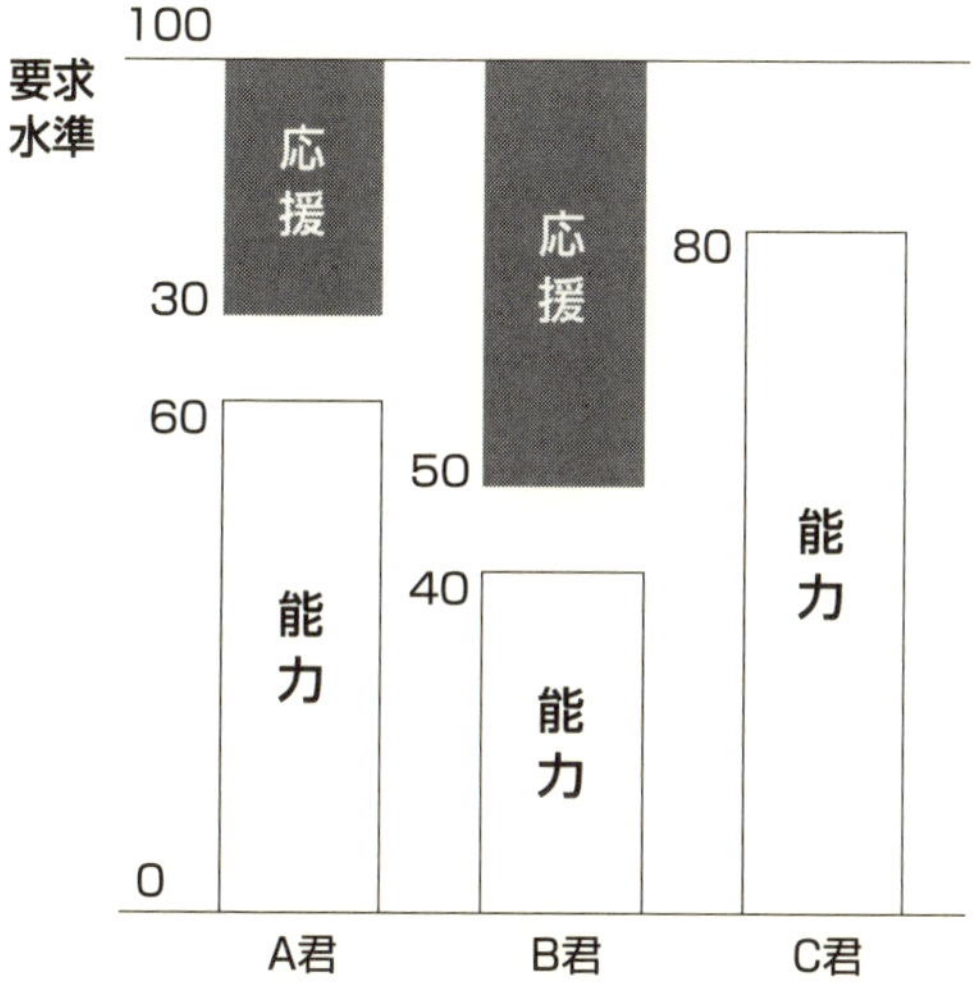

この考えでいくと、B君には五〇くらい手伝って一〇残し、C君にはバックアップせず突き放してしまうといったふうにやることになる。この辺を仕事と相手の力に応じ上手にやれるかどうか。うまくやれる人のところでは人が育ち、うまくできない人の下では育たないことになる。
突き放しすぎて相手を〝玉砕〟させてしまっては元も子もない。仕事を任せた相手には、その進行状況や障害をよく観察してバックアップし、それも限度をよく意識して一歩だけ残す。要するに指導者と部下は仕事を分業するわけだが、そのとき上手にすきまを残せるかどうかである。

40 〝未経験〟を与えよ——やらねば能力はつかない

会社の仕事は学校と違い、知識だけでは役に立たず、実際の判断や行動が問題である。だから何ごとも、実際に経験しない限り、新しい能力は身につかない。今持っている能力というのはすべて、過去において未経験の仕事に取り組んだ結果、身についたものだ。

したがって、部下や後輩に対しては常に、今までの仕事をだいたいこなせるようになったなと思ったら、すかさず彼にとっては未経験の仕事を与え、それをやりとげるようバックアップをする必要がある。

未経験の仕事を与えたら、本人が本気になってそれに全力投球する決意をさせることが大切だ。〝上から言われたから、しかたがないからやるか〟という程度だと失敗しやすい。それでは自信をなくし、新しい能力をつけるどころではない。

本気になって本人が進みはじめたら、経過をよく観察していてバックアップをする。途中ではいろいろな障害が起こるもので、これを本人自身が乗り越えられないときはパンクし、同様に自信を失い、〝やっぱり、やったことのない仕事はやらない方がいい〟という逆の教訓を受け取る。こうなったら、本人の将来の能力向上の可能性は、完全に失われてしまう。

そして何とか問題を克服したら、必ずほめる。ほめることによって本人も〝おれもやれるな〟と自信がつき、次はこちらから未経験の仕事を与えなくても、自分で新しい問題を買って出るようになる。そして全力投球でそれと対決し、克服してさらに自信の持てる範囲を広げ、さらに未経験の課題に取り組むという**成長循環**に入っていく。これを自分の部下全員に対してやりとげるのが指導者の役割である。

いちばん大事なのは最初のところ。未経験の仕事を提示したとき、〝とてもできません〟と尻ごみする人は結構多い。この人には、「あなたも能力を上げたいと思っているだろうし、私も思っている。それにはとにかく、自分がやったことのない問題と取り組まなければならない。きみには、この仕事をやりとげるだけの力があると思うからこそ、やれと言っているんだ。私も応援するから、とにかくやってごらん。必ずできる」といったふうに励まし、その気にさせるのが指導者の役割である。

尻ごみする人は、そのままではこのあと成長の見込みがない。これは重要な問題だから、必ずこれを説得しなくてはならない。

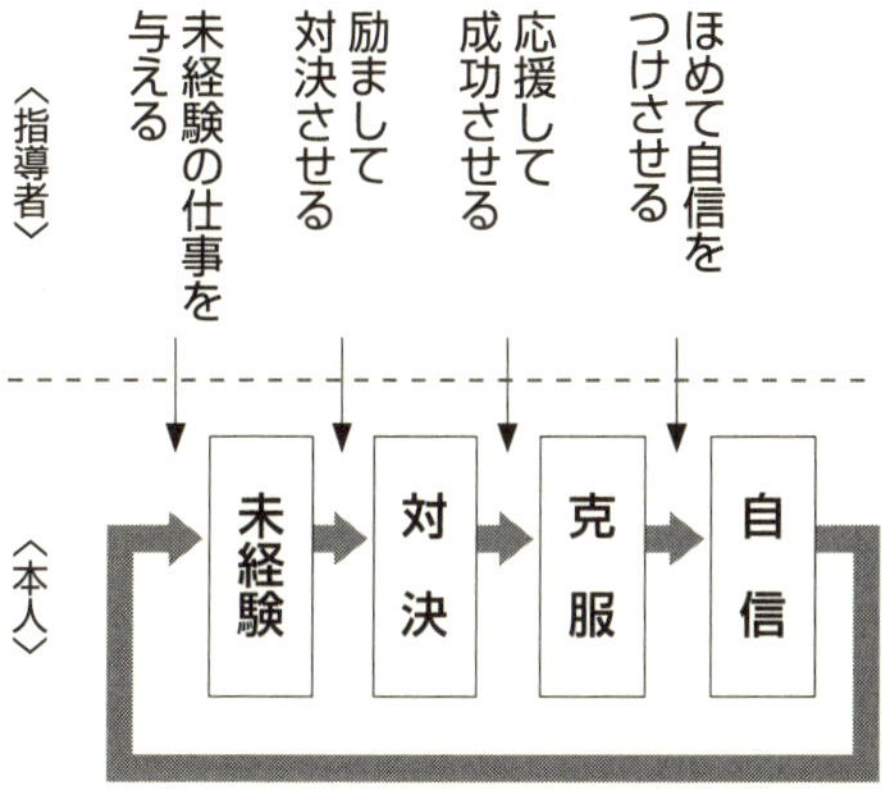

自分から未経験の仕事に取り組む

41 ■ 能力を飽和させるな——同じ仕事に長居は無用

ある装置工業会社の資材部に、S君という優秀な係長がいた。力があって課長から大幅に仕事を任せられ、他部門と協力して自主的に原単位管理システムをつくるなど積極的で、人柄もよくまわりの評判もよかった。私は、これは伸びる人だなと印象づけられた。

ところが十年ほどたってその会社に行ったとき、S君は別人のように変わっていた。次長にはなっているだろうと思っていたのがまだ課長で、しかもラインをはずされ資材部長付で部下はなく、ろくな仕事もない。本人は眼の輝きを失い、すね者のような感じを受けた。

かれの上司は、この間三人変わったが、かれがあまりにもできるため、どの課長も手放すことに抵抗し、その結果同じ仕事を長くやらされることになった。はじめはよかったのだが、かれは自信過剰になってほかの人の言うことに耳を傾けなくなり、またあまりにも事情をよく知りすぎているので部下の意見を聞かず、一方的に指示してアゴで使うようになってしまった。

部下はほかへ出たがり、かれはスペシャリストだがマネジャーは務まらないということになって、結局課長になるのが同期よりも遅れ、ますますかたくなになって仕事に障害が出るようになり、結局ラインをはずされたというのが、調べた結果わかったあらましである。

一つの仕事を長くやらせすぎると、こうしたことがよく起こる。

能力飽和曲線

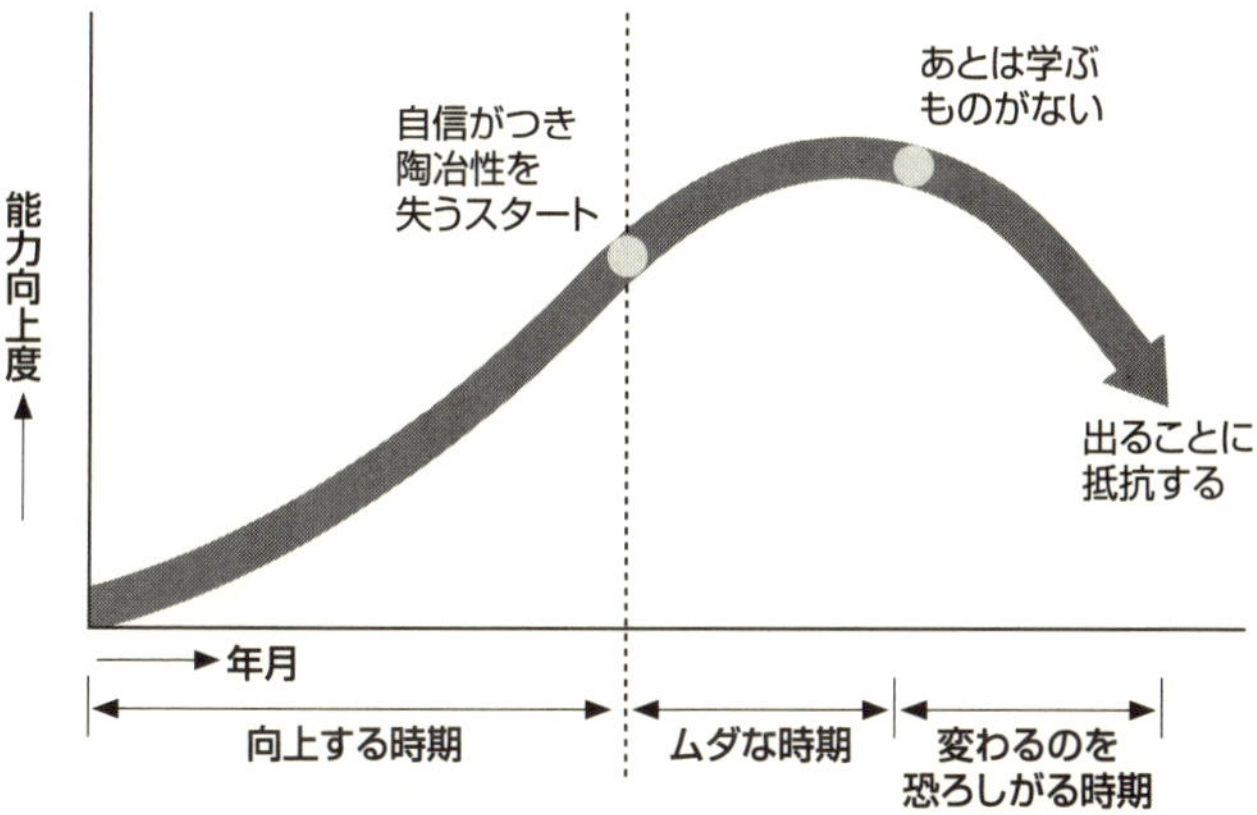

一つの仕事では、人の能力は飽和する。新しい仕事についたときは、よくわからず不安なので謙虚になり、人の意見をよく聞き、勉強する。そのうちにいろいろやってみて、成功して喜び、失敗して考える。いちばん能力の伸びるのがこのときである。

しかし数年たって自信が出てくると、事情を知っているのは自分だけ、他の人がやってもそうはいかんと考え、陶冶《とうや》性がなくなってくることが多く、こうなると能力は頭打ち、挑戦すべき未経験の仕事もなくなって、あとは害だけが残る。

あなたの部下は、今の仕事を長くやりすぎてはいないか。この能力飽和曲線でいえば、かれはどのあたりまでいっているのかを、一つチェックしていただきたい。近ごろ真剣に人の話を聞かなくなった、言ってもやらなくなったという症状は、かれを転出させるか、別の仕事をさせるべきタイミングにきている証拠である。

42 出し渋りは無能の証拠

――責任がとれないというたわごと

S君を塩漬けにした課長たちは、どんな心境であったのか。

最初の課長は、かれが有能で頼りになる人物だったため、とても動かす気持ちはなかった。二番めの課長は、就任のとき人事部からS君を動かしたいという要望があり、三カ月ほどたってからの返事は、かれは仕事の中核で、出すとなったらおれの仕事の責任はとれん、それとも人事でおれの責任を持つか、という権幕。それで結局、S君を動かすことはうやむやになってしまったのだという。

〝責任がとれん〟。これは殺し文句で、これをときどき使う人がいる。これはその人の責任感の強さを示す一見もっともそうな言葉ではあるが、よく考えてみると非常におかしいところがある。

まず第一は、ならばその指導者は、部下に有能な人がそろっていなかったら仕事ができない人なのか。いろいろな部門を見ると、そうなっていなくても責任を果たしている指導者もたくさんいる。

指導者は人を育てるのが仕事である。よくできる人がいるとその下が育たなくなるという危険がある。できる人はほかの未経験の仕事に挑戦させ、慣れない後任者を指導したり支援したりして早く一人前に育てることこそ、指導者の仕事ではないか。

たしかに、有能な部下がいれば指導者は楽ができ、いなくなれば育成のために手数がかかる。出し渋るのは、自分が楽をしたい、育てる手数がいやだという本音《ほんね》を、責任がとれないなどという大義名分でごまかしている場合が多い。これでは人が育つどころか、肝心の人をダメにしてしまう。

有能な部下を他部門に出せば

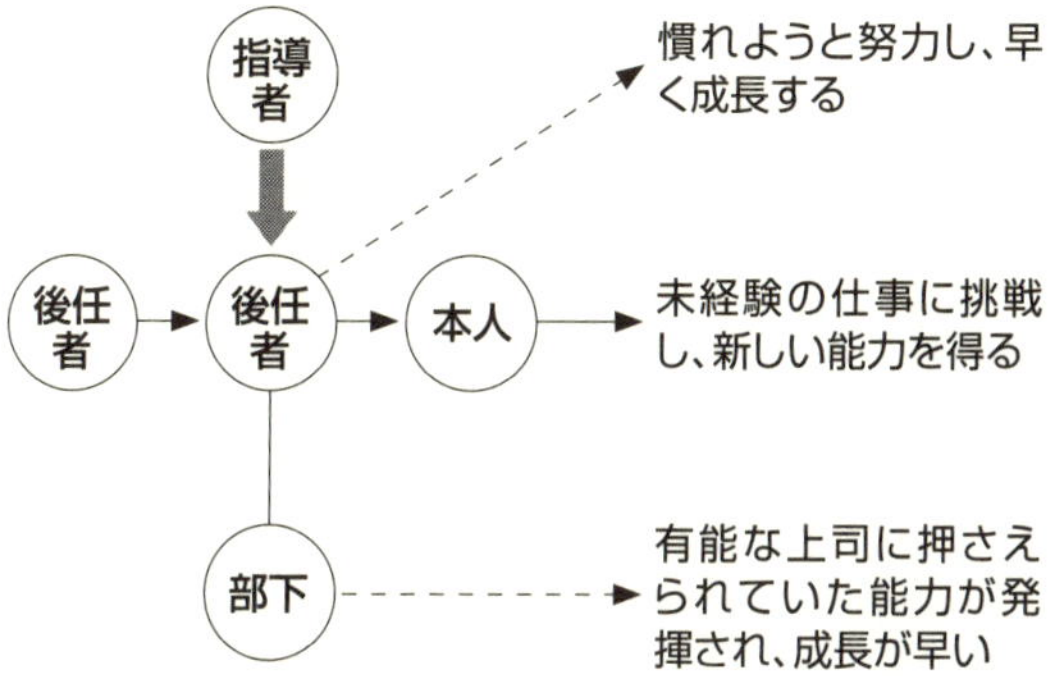
指導者
後任者
後任者
本人
部下
慣れようと努力し、早く成長する
未経験の仕事に挑戦し、新しい能力を得る
有能な上司に押さえられていた能力が発揮され、成長が早い

有能な部下を出し渋る指導者というのは、こういう意味で自己中心主義、慣れない後任者を育てる自信がないか、あるいはその手数をいやがる点で無能力者だということができる。むろん部門間の人材分布上とくに人材がいないときは別だが、どの部門でも、そう人がそろっているところはないのである。被害者意識は人の神経を狂わせるものだ。

有能な人を他部門に出せば、その人は未経験の仕事で次元の高い能力曲線に乗る。かれの部下は頭を押さえられていたのが能力を伸ばしはじめる。不慣れな後任者は必死になってその座に価するようがんばる。いい人を出すということは、指導者のわずかな手数と引き換えに一石三鳥、三者の能力を高める動因となることを、よく理解しなければならない。

43 〝かわいそう〟が人を殺す

——先のことを考えよ

有能な人の場合、最も危険なのは、こうした事情によってあたら潜在能力発揮の機会を失い、結果的にS君のように殺されてしまうことである。

これと逆に、それほど有能とは見えない部下の場合にも別の問題がときどき起こる。かれにそんな未経験の仕事をさせたらかわいそうという抵抗。そんなことをしたら、つぶれてしまう。今のままじっとしておくのが無難だという発想である。その結果、部門ごとに、ずっと長く同じ仕事をする〝沈澱した人〟をつくってしまう。どうもかれはパッとしないと考えるのは、一種の先入観による決めつけであることが多い。人はいろいろな潜在能力を持った存在で、今やっている仕事ではそれほど芳しくなくとも、ほかの仕事をさせると抜群ということはしばしばある。

人の能力は、かれに組み合わされ与えられた仕事のいかんによって、あるいは力を発揮して優秀に見え、あるいは逆に力が発揮できないために不可と映る。それほどではないと思われる人の場合、旧来の仕事に長居をさせず、新しい仕事を与えて結果を見るのは非常に重要なことだ。

それを、かれは能力がないから無理だとかかわいそうというのは見当違いも甚だしい。かわいそうだといえば、いかにも人を大事にしているように聞こえるが、では今のまま同じ仕事を続けさせ、四十、五十になったときはどうするのか。新しい仕事にトライさせるのは、当面かれも多少はきついかもしれないが、これは将来への一種の投資であって、かわいそうだから動かさないというのは、一見情が厚いように見えて、実は本当には相手のことなど考えてはいないということである。

もしこれが、かれが十年二十年先でどうなろうと知ったことか、いずれそのとき苦労するのは別の人で自分ではないというような心が働いているとすれば、それは指導者の名に価しない冷酷無残な人物であることを示す。

未経験の仕事を与えるのは無理があると思うのなら、それは与える仕事の「未経験度」が高すぎるだけの話である。したがってここには、いろいろな対策がある。

まずかれとじっくり話し合うことが大切だろう。いずれにせよ何らかの形で能力を広げることの必要を納得させ、まず本人にやりたい仕事を考えてもらう。今の仕事にもっと近い「未経験」の仕事を与える。かれが過去にやった仕事と関連するものでもよい。

どうしても未経験の仕事が無理なら、今の仕事のなかで仕事量を増やし、人一倍の量をこなしてもらうよう段階的に指導するのもよい。これも能力を拡大し、会社に立派に貢献する一つの道である。

かわいそうだからじっとさせておくという心が結局人を殺し、再起が難しい状態に人を追い込む。これを、よく銘記しておきたい。

44 「持ち上がり」は要注意

——ポストは課長で心は係長

小学校では、たとえば三年生のある学級を担任していた先生が、そのまま四年生になったもとの生徒の学級を受け持つと、「持ち上がり」という。会社にも「持ち上がり」がある。たとえば同じ課のなかで、係長がその課の課長になるといったことがこれで、会社も事情をよく知った人が持ち上がる方が安全ということで、こうした人事は結構多い。

ところがこれはくせ者で、こうした立場になった人は、とくに注意をしなければならないことがある。たとえばその課に、A、B、C三つの係があり、ここでB係長が課長になり、そのあとに新しい係長ができたとする。

このときB課長がよくやる失敗は、A係長やC係長に対しては課長としての眼で接するが、古巣のB係については、なかのことがあまりにもよくわかりすぎているために、いきおい係長だったころの気分が抜けず、眼が細かくなり、指示も過剰になりやすいことだ。

要するに自分は課長だが、B係については自分がまだ係長のつもりになってしまう。だから後任の係長は過剰指示に悩み、仕事が面白くなく、そして能力も伸びなくなる。ポストは課長で心は係長、というのはよくない。これは全く逆であって、B係のことはよくわかっているのだから、まずいとなったらいつでも出動してカバーできる。だから古巣は忘れるほうがいい。

まずよくわかっていないA係とC係を徹底的に勉強しなくてはならないし、もっと大事なのは一段階上の立場、部長の立場になって自分の課がどうあるべきか、何をなすべきかを考えることである。

要するに新課長には、新しくやるべきことが山ほどあって、古巣のことなど考えるどころではない。いざとなったらすぐ出動できるところは大幅に任せること。これは持ち上がり昇進者が必ず注意しなくてはならないことだ。

課長になったのに心は係長だと、部下の仕事を奪ってしまい、部下は育たなくなる。こういう危険があるから、会社としても持ち上がり昇進は極力避け、昇進のときは原則として他部門に移る人事をやることが望ましい。安全第一で人の育成をよく考えないと、営業に入ったら一生営業といった部門別タテ型昇進でセクト主義をつくり、その上、担当常務が部長の仕事、部長が課長、課長が係長と、全員が「成り下がって」しまう危険がある。

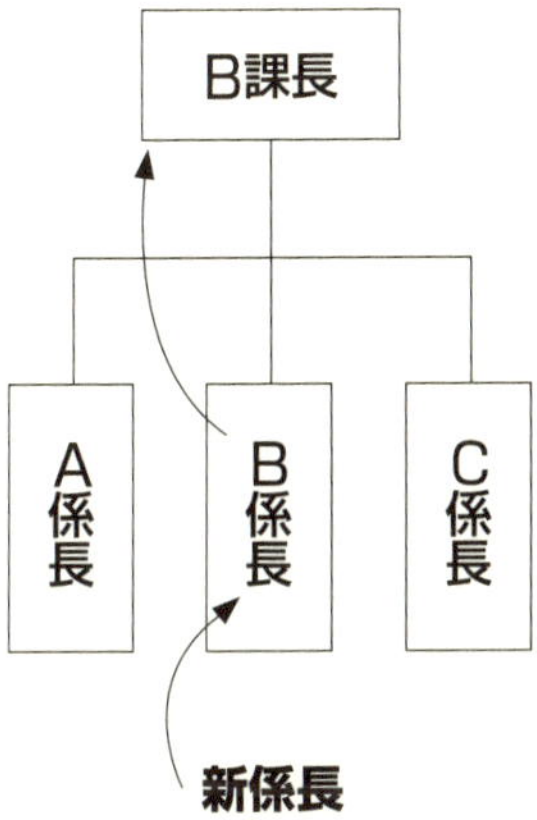

持ち上がり昇進は、自分のためにも部下のためにも危ない。しかし現実にはやむを得ず存在する。そのときは、とにかく本人がよく注意して万全の構えでいこう。

第4章

新入社員の育て方

これまでに述べた「育てる心」、「基礎づくり」、「共通原則」は、
自分が育てようとする相手がどんな人でも、
おおむね共通に必要なことである。
しかしこれ以外については、相手が
新入社員、中堅社員、係長・職班長などの役付き者、管理者の
どれであるかによって育て方は違い、
それぞれの層に適した特定の方法や注意事項がある。
たとえば「任せて育てる」というのは有用な方法ではあるが、
これを会社に入りたての新人に対して行ったら、
失敗はほぼ確実である。
では、まず新入社員に対して必要な育て方から考えてみよう。

45 新人育成の重要さを知れ

——仕事、そして「しつけ」

新入社員を育てることは、その先輩であるすべての人にとって共通の問題である。

社会的経験がなく、白紙の状態で人生に乗り出してきた新人は、会社で最初に出会った上司や先輩によって強い影響を受ける。そして上司・先輩がどんな人であるかによって、順調に成長したり、あるいは2の項目で述べたようにすっかり曲がってしまったりする。

指導者は部下の人生に対し、結果的に責任があるが、この責任は相手が新人であるときに最大になる。社会的に白紙で感受性が高く、かつ悪い考え方や行動についても無防備なのが新人である。上司や先輩の責任は重大と言わねばならない。

新入社員の育て方のポイントは、大きく二つに分かれる。**第一は、仕事のやり方を教えること**。やってもらう仕事は比較的難度の低いものになるが、合理的な手順で早くマスターさせ、小なりといえども会社の戦力の一員としての自信と達成感を得るところまで、できるだけ短い期間のうちに持っていくことである。新人には、自分はまだ会社の戦力にはなっておらず、会社のお荷物だという潜在的なひけめがある。これを早く解消させ、仕事が面白くなるところまで持っていくのが「仕事を教える」面の目標である。

新人の育て方**第二のポイントは、組織人としての基本動作のしつけを完全に終わらせること**である。

ここで基本動作というのは、要するに、ともに働く他の人びとを働きやすくするために必要な行動の共通ルールであって、報告・連絡・話し方・態度など、いろいろなものがあるが、新人はふつう、組織人として望ましい行動とは何かを知らない。これを教え込み、できないうちは注意を繰り返し、いちいち考えなくとも自動的に手足や口がそのように動く状態にしつけることである。

組織人としての基本動作は、新人時代に最も早くマスターしやすく、年齢を加えるに従ってしつけ直しに要する期間が長くなる。とくに問題なのは、中堅や役付きになって基本動作に欠陥を残している人は、まわりの信頼を得られずに孤立し、せっかくよい能力を持っていてもそれが発揮できず、低い評価しか得られなくなることである。

今は、しつけ不在の時代である。基本動作そのものはごく常識的なことなのだが、この点で学校はあてにできる存在とはいえず、また家庭も、一部のよい家庭を除いて有効なしつけができていない。したがってその本格的しつけは、すべて社会的組織が新人を受け入れる段階での問題となる。

企業において新人を直接受け入れ指導する立場の人びとの、しつけに関する社会的責任はきわめて重大である。希望に燃えて入ってくる新入社員の全員を一人もとりこぼしなくしつけ、また早く仕事をマスターして面白くなるところへ持っていくよう、全力を傾けたいものである。

46 職場が育成の本番

――集合教育は助走にすぎない

新たに採用された新人はふつう、幹部の訓話や会社全体への知識教育、あるいは職場実習、合宿訓練などの集合教育を受け、その後各職場に正式に配属される。こうした人事教育部門で預かる教育は、短くても一週間、長いものは六カ月あるいは一年近い期間にわたることもある。

新人の教育について、ときどき重要な考え違いをしている人がいる。それは新入社員教育で新人は十分に教育を受け、教育は終わったのだから、職場に配属されたあとはその人を仕事に使えばよいという誤解である。これは全く間違った考え方であって、新人への教育は、**職場に配属されたときからはじまる**。職場が教育の本番だと考えるのが正しい。

新入社員の集合教育は、新人として共通に知っていなければならないことを教え、会社に慣れさせ、基礎的な体験をさせることが主要な目的である。これは本来、配属された各職場の先輩がやらねばならないことなのだが、会社として統一をとるため、また、ばらばらにやるよりまとめてやった方が経済的なために、便宜上一括してやるのにすぎない。

集合教育というものには、常に限界がある。それは仕事を離れた教育もしくは訓練であるため、直接の仕事を教えることはできない。またいかに行き届いた集合教育でも、対象の人数が多いため、個人別のまずい癖や考え方を直すことはほとんどできないものである。

要するに会社が新人を預かって育てる場所は、本来、配属された職場以外にないのであって、集合教育は、各職場での育成を容易にするための補助手段であると考えるのが正しい。

ところが、集合教育体系が充実してくるにつれて、教育は人事教育部門がやるもの、職場のわれわれは新人を使うのが専門、人事からあとのことを言われるので、本来は仕事をさせるのが専門なのだが少しはやるかといった発想がときどきある。

新人の教育は配属された日からはじまり、その全責任は職場にある。集合教育は単なる「助走」期間にすぎない。仕事を通じて教えるのが本当の教育であり、これではじめて新人に具体的な能力がつく。仕事は即教育、教育は即仕事である。

人間というものは一人ひとりみな違い、画一的なアプローチでは人は育たない。個人個人をよく見きわめて、それぞれの人に合った指導をしていくのが最も大切であって、これは職場の先輩たちにしかできない重要なことなのである。

これは常識で考えればわかることで、ここまで念入りに言うのはおかしいと思う人があるかもしれない。しかし職場が新人教育の本番であることは、いくら強調してもしすぎることはないと思う。

47 やってみせる育て方——すぐ手足に使うな

太平洋戦争のとき連合艦隊司令長官だった山本五十六《いそろく》に、有名な言葉がある。

やってみせ
言って聞かせてさせてみて
ほめてやらねば人は動かじ

何も教えずに自分の主観で、相手にできるはずだと仕事をやらせ、それでうまくいかないと腹を立てるなどはおかしい。まず自分がやってみせて、丁寧に教え言い聞かせて本人にやらせ、そしてほめてやらないと人は動かないものだというわけである。

新人の育て方の原則は、まず指導する人が新人の眼の前でやってみせ、質問を聞き、そして本人にやらせ、その結果よかった点をほめ、直すべきことを注意する。これをできるまで繰り返す。要するに手をとって仕事を教えることである。

人手が足りない忙しい部門に新人が配属されたとき、新人を手足として、すぐ当座の間に合わせに使い、キチンと仕事を教えずに放り出してしまうケースがある。これはよくない。ただ〝これをやれ。あれをやれ〟と雑務で追い使われるだけでは、アルバイトと同じことになる。

手をとって教えずに、放り出して〝考えてやれ〟とやると、自己流でやってみてうまくいかず、自信を失って会社がいやになったり、何とかなってもまずい癖がついてあとから困ることが多い。新人に対しては、任せてはいけない。まず模範を示し、やらせ、直し、ほめることが原則で、まして目的も言わずにコマ切れ仕事の走り使いをやらせるなどは言語道断である。

この「やってみせる育て方」は、生産現場や事務の仕事ではこのままやれるが、営業の得意先へのセールスなどでは、相手があるからそのままはやれない。しかし原理は同じで、先輩が連れて得意先にいき、折衝のやり方をそばで観察させ、帰路なぜあのときああしたかなどの質問に答え、慣れてきたら同行して新人を主役にし、帰りに批評するというやり方になる。

やってみせ、やらせ、コメントするこのやり方が大事なのは、新人に早く仕事の面白みを得させるためである。自己流でやらせると、わかっていないからうまくいかない。ために面白くなくなり、敗北感を味わってしまうと、せっかくの社会人としての第一歩でつまずいてしまうことになる。

第一歩は大事。今までの経験で最もよい方法をはじめから教え込み、その通りにやらせて成功させ、自信をつけさせること。

48 指導担当者を決めよ——同時に二人を教育する

一人ひとりの新人は、希望に燃えて会社に入ってくる。この人びとは、全員間違いなく成長させ、一人でも組織人としての落第生をつくってはならない。

これを確実にやるには、先輩のみんながそのように注意をしていればよいかというと、そうはいかない。だから指導者は、入ってきた新人一人に対し、かれを指導する新人指導担当者一人を指名し、責任をもってこれを実行する体制をつくることが必要である。

ふつうは、新人に担当させる仕事の先輩、できれば一年から三年くらい先輩の人を担当者にするのがよい。新人担当者の仕事は、三つある。

第一は、新人の担当する仕事をやってみせ、やらせ、コメントすることの繰り返しで、手を取って仕事そのものを教えることである。

第二は、新人の行動をよく観察し、基本動作の点で問題を発見し、繰り返しの注意によって動作を修正定着させること。基本動作については、最初からほとんど問題のない新人もいれば、三つも四つも問題を持っている人もいる。複数の問題を持っているときは一時に一つの原則で、一つの問題が直ったら、はじめて次の問題に取り組んでいく。

指導担当者の第三の仕事は、新人の心を開き、何でも悩みを聞いてやり、それに建設的な助言を与えて、生き方を指導することである。とくに問題がなければその必要はないが、新人は企業という新しい環境に入って緊張し、いろいろなカルチャー・ショックを受けて、迷ったり一人で悩んだりすることがよくある。ときにプライベートにつきあって人間どうしとして親しくなり、張り切って仕事ができるよう誘導することが必要である。

新人指導担当者には、人柄や仕事の能力について問題のある人物を選んではならない。それはまずい点を伝染させる危険があるからだ。年齢が近い方が気持ちの通じやすい点で有利だが、若い指導者が得られないときは多少年齢が離れることはやむを得ない。

課長や係長は、担当者が新人を指導する状況を横から視察し、適時助言や注意を与えることが必要である。若い指導者は、ときに基本動作に問題があるのにそれを見逃していたり、仕事の教え方が荒っぽすぎたり、念入りにすぎて逆に依存心を助長しすぎたりすることがある。ときどき担当者に声をかけて様子を聞き、助言する。

指導担当者を決めることは、新人の育成体制を完全にすることと同時に、担当者自身を教育することでもある。人は他人を教えることによって、同時にそのことを深く理解するものであり、模範を示さなければならない立場になって、改めて自分自身を省み、考えることになる。

新人育成とは、新人と一緒に、指導担当者を教育するという意味を持つ。

49 ■ 新人育成手順を設定せよ

――まず全体がつかめる仕事から

新人受け入れ態勢の良否の立場からいろいろな職場を見ると、これは大丈夫だなという職場もあれば、ここは危ないなと思われるところもある。

大丈夫だなと思える職場というのは、入ってきた新人を育てる手順、順序が明確に決まっているところである。まず最初にどんな仕事をやらせ、次にどんな仕事につけ、三番めに何をやらせるか。それぞれの期間がどれくらいで、それぞれどんなことを主眼として教育するか。こうしたことがはっきりしている職場は、一般に新人にとって安心である。

まずいのは、こうしたことが決まっていず、入ってきた新人をそのつど手の足らないところに回し、適当に使ってしまうタイプである。人手が足りないから手の回らないところで便宜的に使うという考え方は、新人の成長のために問題がある。

その部門の性格によっても違うが、新人を育てるには順序があり、一般的には部門内のいろいろな仕事をひと通り経験させて相互関係や全体像をつかませたのち、特定の仕事につけるやり方もあれば、たとえば営業や資材などでの事務のように、全体がわかるように特定の仕事だけを先にやらせ、その上で営業や購買業務などの本務につける方法もある。

いずれにせよ全体の関連がわかる仕事が優先順位が高く、はじめから局部的なことばかりやらせるのは避けた方がよい。

育成手順の第二の原則は、比較的やさしい仕事から逐次難しい仕事へ、決まった標準的な手順と方法の通りにやればよい定型的な仕事から、逐次応用をきかさねばならない仕事へという考え方である。いずれにせよ、その部門の仕事の内容と性格により、仕事につける順序は明確に決められていることが望ましい。


たとえば、全体をまず把握させるために職場内の各グループを回るような育成手順を決めたときは、指導担当者は逐次交替していくことになる。これは決まった一人だけに指導担当者を限定せず、担当者が増えるので、先輩にあたる人自身を教育する範囲が広がる。

このときは、前任の担当者から後任への引き継ぎを完全にし、とくに基本動作の問題点については正確に申し送らせる必要がある。また担当者のなかには、ときに新人指導の熱意に濃淡に起こるので、課長や係長はこの点に注意し、各担当者を指導することが必要だ。

新人を育成する手順が明確に決まっている職場では、新人は安心して働くことができる。また先輩のメンバーも、新人育成がいかに自分たちにとって大切な仕事かを実感し、その育成を重視する職場の雰囲気ができあがる。

もしこれが決まっていない職場があれば、この機会に改めて考えていただきたいと思う。

50 指導の順序を誤るな
――まず正しく・次に速く

新人に仕事を教える場合、やってみせ、やらせ、コメントする手ほどきが終わったあと、大事なことは、まず仕事を正確に正しくやらせることである。

この段階で速さや処理量の増加を要求するのは正しくない。速くやることをはじめから新人に求めると荷物が大きくなりすぎ、正確さまで犠牲になってしまうからだ。これでは仕事をしている意味がない。最初の段階では、遅くともよいから正しくやることに重点をおく。

正しく処理できるようになったならば、次にはスピードを求め、一人でもっと多く引き受けることができるように指導する。量を上げるにはあくまでも正確さを維持することが前提で、新人は最初はスピードが遅く、慣れるに従って先輩たちのレベルに近づく。

そして速さも相当レベルに達したら、こんどはほかの仕事を逐次先輩から引き継ぎ、新人として一人前に近づいていく。

これは象徴的に述べたもので、与えられた仕事の条件によって一概にはいえないが、

まず正しく
次に速さ

さらによりよく

という三段階は、新人の指導の基本といえるだろう。

工場の仕事では、機械のスピードはあらかじめ決まっていて、第一段と第二段は一本になってしまうこともある。営業での飛び込みセールスなどでは、最初から一日の訪問数をどれだけ稼ぐかということを先行させることもある。しかしこの場合も、個々の訪問についてはきちんと標準通りの動作や応答をしなければならず、また慣れるに従って成約率をあげていかねばならないことになる。

新人の教育には、手順を踏んだ指導が必要である。新人はときに焦って一度に先輩と同じような方法とレベルに飛びつこうとする人があるが、こうしたやり方をそのまま認めてしまうと、うまくいかなくなることも多い。

新人教育では、一般に早く仕事に自信を持たせ、立派に戦力になっているとの達成感を比較的短期間に得させることが必要である。入社のときは自信がないが、早く慣れて自信ができることによって、仕事も面白くなる。

仕事が面白くなり、欲が出てきて、未経験の問題に自分から積極的に挑戦するところまで持っていく。すると間もなく、新人段階を卒業、ということになる。

51 ■ 顧客のために働くこと——給料はお客様からいただいている

しつけの面で、新人によく理解させねばならない第一の問題は、給料は会社から出るのではなく、お客様からいただいているということである。

会社の創業時代はふつうすさまじいもので、何もないところから一軒また一軒とお客様を苦労しながら開拓し、長年の信用を得ることによってやっと今日のような会社ができた。お客様というものがどれだけありがたいかは、創業時代の人なら皆実感している。

しかし会社が発展した段階で、逐次途中から入ってくる人の眼から見ると、そこにははじめから買って下さるお客様があり、黙っていても注文が入ってくる部分がある。するとそれはあたりまえのものと考え、逆に自分たちに力があるからお客様がついてくるんだという錯覚さえ起こす人が出てくる。

新人はとくに何も知らないから、特別に教育をしないとそうなりやすく、これはとくに大企業や生産財企業などで危険率が高い。

自分の給料は、買って下さるお客様からの代金によって支払われており、お客様がいなければ自分も存在できないことは、考えてみれば誰でもわかることである。しかし新人には、教育をしなければわからない。だから放っておくと、お客様に言葉づかいを間違えたり、電話で失礼な応対をしたり、廊下でそれらしい人に会っても目礼しなかったり、真ん中を歩いて譲らなかったりするのである。

企業の目的は、お客様のために働くことである。いかによりよい商品やサービスを、いかにより安く提供できるかが目的で、これがうまくできたとき、その報酬として利益が出、賞与も出る。このことは営業第一線にいる人は痛感するが、研究開発や設計、生産やオフィスにいる人びとには直接的な現実感覚がない。だからしばしば失敗が起こる。

新人教育の第一歩は、ありがたいと思う心をしっかり植えつけることである。そして、次にそれを自分の態度や行動で表わす基本動作をしつける。新人はふつう、まだお客様のありがたさの実感が少ないから、これを型でまず教え、型から入って心を強固なものにするというアプローチになる。これがうまくしつけられるかどうかを支配するのは、職場の先輩の人びとが実際にお客様に接する態度である。この点については、新人はすべて先輩を見習う。お客様が帰ったあとのかげ口などはもってのほか。こういう人が一人でもいると、新人はお客様をありがたく思うというのは建て前で、実はお客はわれわれが食べていく手段にすぎないのだなと受け取ってしまう。

まず先輩が態度や行動で模範を示す。お客様があってはじめてわれわれがあることを常時強調し、まずい行動があったらそのつど厳重な注意をし、その心を説く。これがどれだけ徹底しているかによって、その会社の将来が決まっていくのである。

52 指示を確認させよ

——頼まれたことは一回でこなす

2の項目の話を思い出していただきたい。

ここで紹介した〝埋め込まれた新人〟A君は要するに、指示されたことを一回でやりとげることができず、それを嫌った課長や係長によって、ボロが出ないような仕事に埋め込まれ、これが次の職場での失敗を生み、結果的にA君の人生はとんでもないわき道にそれることになってしまった。

指示されたり頼まれたりしたことは、一度の指示で成しとげるのが原則で、そのためにはわからない部分があれば遠慮なく聞き返して確認し、少し複雑な要件になったら、改めてその内容を復唱して、〝そうだ〟と言われたら走り出す習慣が必要である。

ところが新人の場合、聞き返すのが相手に失礼かと遠慮したり、複雑な内容も自分がのみこんだつもりで想像でやってしまうなどということがしばしばある。そのためにやり直しをさせられるはめになってしまう。

とくに新卒の人は〝お金をもらって仕事に責任を持つ〟ということに慣れておらず、学校時代の延長の気分が残っている。友達との約束やクラブ活動なら、一度で言われた通りにできなくとも問題は少ないが、会社は違う。一度言われて走り出したら、確実にやりとげなければ間に合わない。このへんの認識不足から、言われたことを自分の想像でやるようなことが起こる。

多くの新人は、この関門を苦もなく通り抜けるが、一部には一度で用が足りない人が出る。これを見逃すと、かれはミスの多い人間となり、仲間からうとまれて孤立し、仕事が面白くなくて辞めるか、それとも残って問題の人物と化してしまう。

新人に指示をする人はこの点によく注意し、最初はやさしいことから、順に複雑な用件へと、与えるものを変えていく。そして新人の方から遠慮なく質問すること、複雑な用件は復唱することの癖をつけていくのがよい。

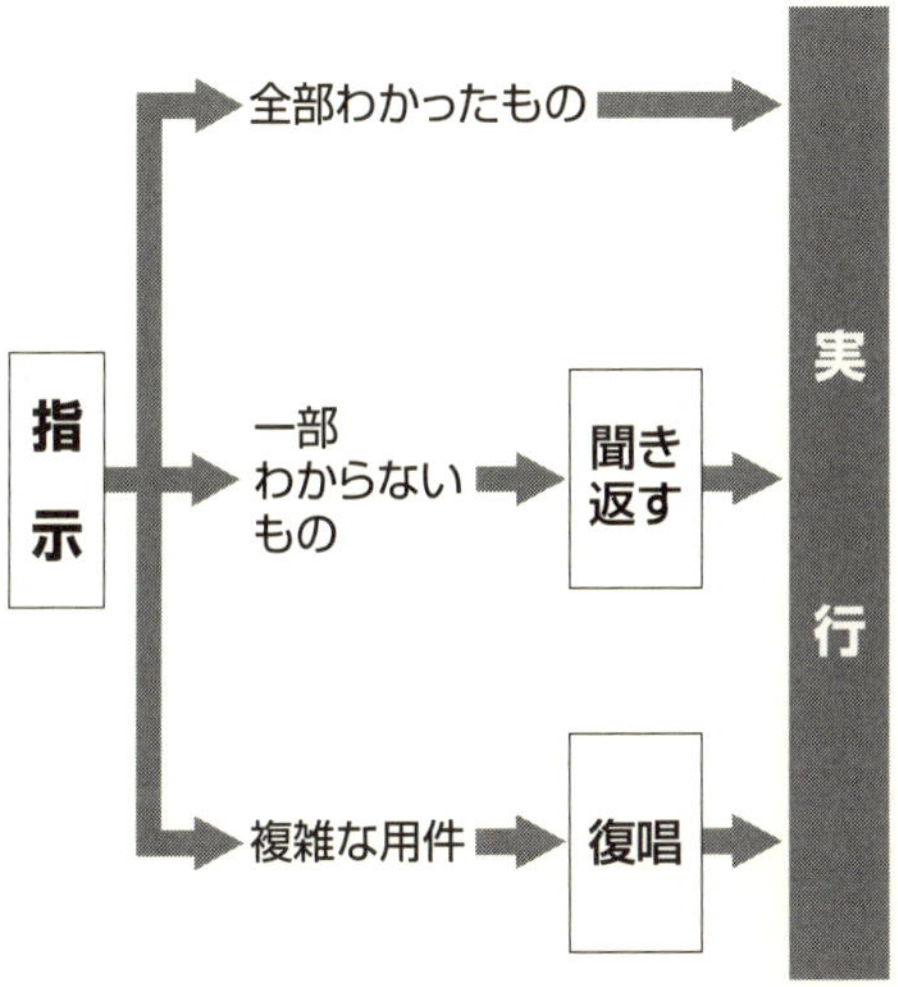

質問されたとき、うるさそうな顔をするといけない。真剣に聞いてはっきり返事をする。うるさそうな顔をすると、言えずに想像でやってしまうことを促進する結果になる。

頼まれたことは、多少複雑なことでも一回でできるようにしつけるのが、新人の基本動作の第一歩である。簡単なことのように見えるが、もしもこれが怪しい人がいたら、何度も繰り返ししつけ、全員を完全に卒業させるようにするのが、指導者としての責任であるといえよう。

53 実行報告をしつけよ
——〝はずだ〟が問題

部長をしていたときの私の経験である。

新人のF君に、「この書類を総務部長に届けて」と言った。

かれは「はい」と言ってすぐ席を立ち、書類を持って部屋を出ていき、間もなく帰ってきて着席し、再び仕事の続きをはじめた。

私がかれに、「総務部長はいたの?」と聞くと、かれは「はい」と言う。そこで私はかれに注意した。「頼まれてやったことは、必ずあなたの方から先に、頼んだ人に結果を報告しなさい。わかったね?」と。

かれは「わかりました」と言うのだが、何か不満げな様子。何かあるのかねと問うと、かれは「私が出ていくのを見ておられたから、届けたことはわかっておられると思いました」と言う。

私は言った。「きみは仕事の経験が少ないから、出ていったら届いているはずだと思うのだが、実際にはそのはずだが大きな間違いのもとなのだ。確認が非常に大事なんだ。

そしてもう一つ。人から頼まれてやったことは、それがどんなに簡単なことでも、一言『届けました』とか『終わりました』とか、頼んだ人にきみの方から先に報告しなさい。『どうなった?』と催促されてはダメだよ」と。

他人から頼まれてやった結果の報告を実行報告というが、新人にまず最初にしっかり教え込まねばならない組織人としての基本動作は、この実行報告を、**催促される前に先手でやる**ことである。

指示を受けた。そして実行した。それだけでは仕事は終わってはいない。どんなことでも、その結果を指示した人に報告して、「そうか」とか「わかった」などと言われてはじめて、その仕事は一ラウンド完結する。終わったが報告をしていないのを、〝やりっ放し〟という。

実行報告は、催促される前に、頼まれた人の方から頼んだ人にやるのが原則。頼む方はふつういろいろな仕事を並行して進めており忙しい。あれはどうなっているのかと心配をかけるのは組織人としてまずい。やり終わったことはやった人がよく知っているし、簡単なことなのだから、やった人が先に報告する。

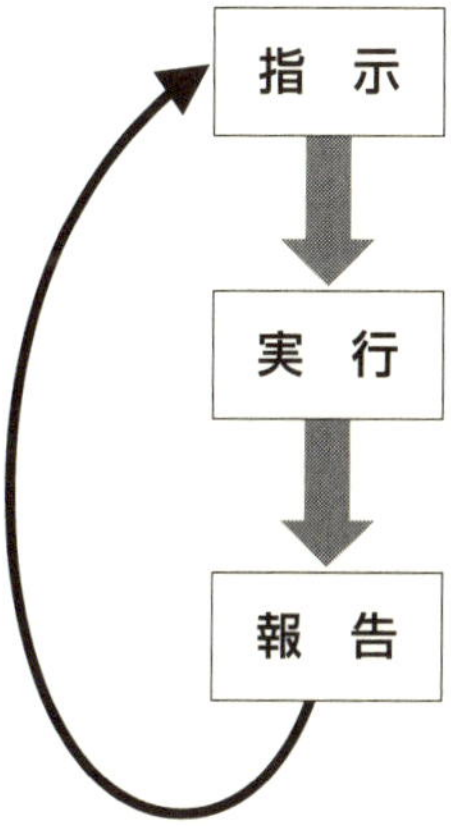

先手実行報告

頼んだ人は、実行者が報告することによって、それについて次にやらねばならないことを思い出す。報告がないと、このアラームがなくてミスすることも起こる。

「あれ、どうなってる？」などと上司が言わねばならない職場はミスが多い。互いに先手で報告する職場の活動はスムーズで、互いに愉しく仕事ができるものだ。

54 〝時間〟をしつける

——人に迷惑をかけるな

新人のときによく教えねばならないことの一つは、時間を守ることのしつけである。出勤時間を守る。打ち合わせや会議の約束の時間を守る。社外の人に対する訪問時間を厳守する。その他いろいろある。

なぜ時間を守らねばならないのか。それはルールを守るということの前に、他人に迷惑をかけないようにするためである。出勤時間に遅れると、自分に朝一番で連絡をしたい人が電話をしてきても不在で、迷惑をかけるかもしれない。打ち合わせや会議に遅れると、すでに集まっている人全員の時間を奪うことになり、不快感を味わわせる。社外との約束を違《たが》えると相手の迷惑になるだけでなく、こちらの信用にかかわる。要するに時間に遅れるとは、自分の行動によって、他人に迷惑をかけることである。

時間を確実に守るためには、すべてその時間の五分前に席に着いている習慣をつけることが必要である。ちょうどその時間に着くように考えるのはビジネスの素人《しろうと》で、何かの都合でその間に支障があって遅れる可能性がある。出る直前に電話があったり、途中で人につかまったり、交通が渋滞したりといったことは珍しくないからである。

五分前に出ると、定刻までの時間がもったいないという考えで、いつもギリギリに出る習慣の人がいる。だから会議などに遅れ、すでに出席している多数の人の時間を奪う愚をおかす。

新人時代はとくに、会社に入って新しい時間の価値観を身につけなくてはならない切り換えの時期にあたる。学校時代は遅刻したり約束時間を違《たが》えたりしても、それは怒られたり文句を言われたりするだけですんだが、こんどは違う。会社との契約により責任を果たさねばならないのだから、すべて五分前を原則とし、集合するときは先輩の誰よりも早く集まっていることが必要で、時間にだらしがないままに日がたってしまうと、周囲からの信用を失うことになる。

注意をしても遅れる新人に対しては、それが直るまで、そのつど注意を繰り返していくしかない。人に迷惑をかけてはいけないということをよくわからせ、それでもダメなときは遅れてしまうプロセスを詳しく聞き、どこをどう直したら遅れずにすむかを細かく指導し、念を押す必要がある。

中堅になってもこのしつけができていない人に対する治療の方法としては、繰り返しの注意のほかに、かれの仕事を変え、時間を守らないとたくさんの人が困るようなポストに移してしまうというやり方がある。

これは危険な方法に見えるが、実際には習慣を変えさせるのに役立つ。かれははじめ守れずに多くの文句を受け、そのうちに何とかなってしまう。このやり方では指導者は結果をよく見ていなくてはならないが、とにかく人を変化させるには粘りと、そしてあの手この手の工夫がいる。

55 書き方をしつけよ——文字は人なり

新人に対するしつけのなかの一つに、書く字をわかりやすく明確なものにする指導がある。

学生時代は、字を書くということの意味が会社と違っていた。それは主として、自分自身にさえわかればいいもので、ノートの字は他人に読めなくともよい。試験の答案などはそうはいかないが、これは内容が限られているため、先生を悩ますことはあっても、それほどの実害はない。ところが、会社で書く字はこの逆で、他人に読んでもらうために書くのが大部分。自分にはわかっても他人にわからないものは、同様に人に迷惑をかける。読んでもらう字と、自分さえわかればよい字は全然違う。

この点では、新人の字はまず、多少は下手でも他人にわかりやすいことが第一である。むろん上手な字であることにこしたことはないが、下手なくせになぐり書きというのは最もよくない。他人に読んでもらうときに迷惑をかけないよう、とにかく丁寧に書かせることが大切だ。

乱雑で読みにくい字を見ると、その読みづらさから、読まされる人は、それを書いた人を想像し、ひどい字だ、これは性格も乱雑な人なのではないかと思う向きがある。〝字は人なり〟といった考え方は、現実にそれが当たっているときもあるし、当たっていないときもあるのだが、いずれにせよ危険な先入観を他人に与えるようなことは避けた方がよい。新人は案外、こうしたことの重要性に気づいていないものである。

誤字脱字やあて字も、新人には多い。指導者は、新人の書いた文書をよく読み、字の間違いは必ず注意深く添削して返して書き直させることが必要である。これは決してつまらない労力ではない。

問題は新人が、意味が通じればそれでいいんじゃないかと思っていることである。ビジネスはそんなものではなく、相手に誤字やあて字を「翻訳」させることが平気では困る。徹底的に相手の立場になって考える習慣を確立させるのが新人の教育で、字を直すのは、仕事の場における重要な教育である。

冗長《じょうちょう》な文章を直して簡潔な文章に書き換える指導も、同じく相手の立場に立ってものを考える意味で重要である。長すぎる文章は、要するに言いたいことは何かを明確にできず、頭が混乱したまま文章にしたからである。頭を整理し、端的で明快な文章を作らせるには、やはり出てきた文章を添削し、書き直させることを繰り返すしかない。これにも、根気が要る。

読みやすく、誤字脱字あて字がなく、要を得た簡潔な文章を書くように新人をしつけることは、先輩としての共通の役割である。大変地味な、そしてめだたない努力ではあるけれども、日常のこうした努力によって、新人は基礎となる力を身につける。

56 クイック・リスポンス——ツーといえばカーと動く

新人時代に身につけさせておくべきしつけの一つは、指示や質問、依頼などに迅速に反応し、一つひとつの仕事をそのつど、早く片づける習慣である。

指示を受けたのにいつまでも着手していないとか、質問があったのにそのままにしておく。依頼され、やると答えたのだが、それを先に延ばしている。こうしたことを滞らせていると、必ず誰かが困る。

クイック・リスポンスをやるには、その仕事が起きたつど、即座にそれを片づけ、次の日に〝宿題〟を持ち越さない習慣が必要である。片づけるのに数日間も必要なことは別として、日常の仕事はその日のうちに全部片づけてしまう。

どうしてもそうはいかないものがあったら、残業をしてでも家に仕事を持ち帰ってでもやりとげ、宿題を先に持ち越さないように心がける。これはときに重荷になることもあるが、大きく見ると最も仕事を円滑に進めるコツであり、またこのために多少の無理を自分にかけることによって、短時間に集中して能率をあげる力を獲得することも可能になる。

これは要するに、誰かがツーといえば直ちにカーと敏速に反応するような人になってもらおうというわけである。組織全体の反応速度は速いのに、テンポがずれている人がいるとぎくしゃくし、最低の人のスピードに合わせざるを得なくなる。組織活動のテンポというものは、その会社の生産性がどれだけの高さかを決定する重要な尺度であって、言われても思うように動かず、万事がノロノロしてツーといえばカーとはいかない会社が、各業界のなかで脱落をしていく。

新人の仕事の速さや反応を起こすスピードは、配属された職場や先輩上司のスピードによって決まっていく。報告や連絡、指示や依頼に対しすばやく反応する職場に配属されると、新人のスピードはいつのまにか順応して速まり、反応の遅い職場に配属された新人は、いつのまにか低レベルで安定する。これは恐ろしいほどのものだ。

指導者や新人の先輩にあたる人々は、自分たちの反応速度によって新人のレベルが決まってしまうという重要な事実をよく認識し、まずどこから見ても新人に対して模範といえるような日常の行動を心がけるべきであろう。

仕事の処理速度というものは、若いときたくさんの仕事を与えられ、それを何とかこなすのに無我夢中の日々を過ごした経験があると速くなり、のんびりした職場で適当な量の仕事をこなしていた人は処理速度が遅くなる傾向がある。若いときには、はじめは少量でも逐次量を増やして山ほどの仕事をあてがうのが、処理速度を向上させる最大の道である。

新人が、ツーといえばカーと動き、大量の仕事を速くこなすしつけの成否は、かれの将来に大きく影響する。まず先輩たちがその模範を十分に示す。新人のスピードは、自然に上がっていく。

57 手伝うしつけ——「はた」を「らく」にする

新人は、まず頼まれたことを一発でやれるようにし、実行報告を催促される前に先手で行い、ツーといえばカーというクイック・リスポンスを実践させることが必要である。

割り当てられた仕事を何とか曲がりなりにもやれるようになったら、次は自分の手の空いているとき、自発的にほかの人の仕事を手伝う習慣を身につけさせることが大切である。

この考え方は、割り当てられた仕事だけを月給の代価としてやり、他の人の仕事はいっさい手伝わない習慣の西欧流の例からするとおかしな考え方ではあるが、これが西欧流に比べての日本人の強みであり、こうした習慣によって、ともに働く人びとの同志感が生まれ、互いに困ったとき助け合うことによって、自分もいずれは楽ができることになる。

自分の手が空いて今すぐすることがなくなったとき、隣に忙しい人がいたら、〝手伝いましょうか〟と声をかけ、何をやったらよいかを聞いて、できるだけの手助けをする。相手が残業せざるを得ないときは、自分にさしつかえがない限り、許可を受けて一緒に残業して早く片づけるのを手伝う。

この場合、チームワークのためには自分のプライベートな生活を犠牲にすべしと言っているわけではない。協力にはむろん、おのずから限度はあるが、このときに必要なのは、ともに働く人びとを思いやる心、多少でも人のために役立とうとする心である。

手伝いたいがそれができにくいときは、「お手伝いしたいのですが、ちょっと都合があって」と、一声かけるくらいの心づかいもほしい。誰でも経験のあることだが、みんな次々と帰っていくのに自分一人、ガランとしたところで仕事をするというのは味けないものである。

最近の若い人は、自分の仕事が終わって終業時刻がきたら、他人のことは考えず、さっさと帰る人が多い。自分のプライベート時間を大切にするのは当然のことで別に悪くはない。しかし自分が困ったときに助けられるというのはとてもうれしいことであり、それが職場における人間関係を非常によくすることは、新人に教えておく必要のある大切なことだと思う。

新人に必要な基本動作のしつけは、ほかにもいろいろある。この問題についての新人と中堅の境界線は必ずしも明瞭ではない。第5章におけるしつけも併読していただきたい。

しかし、いずれにせよ基本動作のしつけの目的は、要するに自分と共に働く他のメンバーを働きやすくすることにある。〝**働くとは、「はた」を「らく」にすること**〟という言葉があるが、その通りで、要するにこのことをよく念頭において動けば問題はない。

基本動作は、新人時代に最もしつけやすく、年齢を加えるごとに、しつけに時間がかかる。ぜひ粘り強く注意を繰り返し、しっかりと身につけさせたいものである。

第5章

中堅社員の育て方

ここでいう中堅社員とは、すでに新人の域を脱し、
担当の仕事に責任がとれる一人前の社員で、
係長・主任・職班長など役付き者以前の人を指す。
中堅社員の育て方のポイントは、ほぼ三つに分かれる。
第一は、中堅社員としての基本動作に関するしつけを行うこと。
第二は専門職として伸びるために必要な基礎態度を教え、
それを定着させること。
第三には能力を連続的に向上させることである。
まずは中堅社員としての基本動作のしつけ問題から入ろう。

58 連絡ミスをゼロにせよ
——即座に・小まめに・全部の箇所に

中堅社員時代にしつけを完全に終わっておかねばならない重要項目の一つは、横の連絡をすばやく的確にやり、連絡ミスを絶対に起こさないようにすることである。

ある情報を誰かから受け、それを他部門の関係者や同じ部門内の担当者に横に連絡する仕事でのミスは、ゼロでなくてはならない。〝なぜあのとき言ってくれなかった！〟と相手が怒るようなことは、一回も起こさないのが、現代の組織人の原則である。

連絡ミスは、ミスした相手に迷惑をかける。お客様を怒らせて会社の信用を台なしにしたり、はては大きな取引を失ったりすることもあれば、内部の部門間の連絡ミスで相手を苦しい立場に追い込んだり、せっかく準備したことがムダになって会社に損害を与えたりする。

それ以上に問題なのは、迷惑を受けた相手がこちらをけしからんやつだと思い、自分を無視した相手の人間性に対して腹を立てることである。こちらには悪意がない失敗でも、一度やると必ず人間関係をこわし、あとの協力が得られにくくなる。社内で部門間のセクト主義が起こるのは、ほとんどが連絡ミスの集積に起因している。

連絡は、伝える内容以上にタイミングが問題である。遅れるとアウト。だから伝えねばならない情報を受け取ったときはすぐ、これは誰と誰と誰に伝えねばならないかをパッパと考え、

即座に
小まめに
全部の箇所に

伝え終わるのが原則である。憶えておいてあとから伝えようという心が連絡ミスを起こすもと。相手がそこにいればすぐ話す。いなければ電話をかける。不在なら何時までに電話をくれと言う。こうしておけば電話が向こうから来るから、ミスは起こらない。

電話で無理ならメモで伝言を頼む。即座にその情報に関し伝えねばならない先に連絡をワンセット終わり、あとは忘れてよい状態にするのが連絡の原則。われわれの記憶力は、それほど完全なものではないからである。

部下一人ひとりの連絡をよくするために第一に必要なことは、まず指導者自身の連絡が小まめで、そのつど片づけ主義を完全に実践すること。これは伝染力が大きい。

もう一つは部下全員に連絡の大切さを説き、即座に・そのつど・必要な全部の箇所に小まめに連絡することを教えること。部下が社外や他部門に対し連絡ミスをしたときは自分が謝りにいき、そのつど部下に注意をする。

連絡ミスをする人は、ふつう限定される。しかしこれを繰り返す人は必ず孤立し、仕事ができなくなり、まずい方向へ行ってしまうものである。連絡ミスはゼロ。これが現代の標準である。

59 悪い報告を早くさせよ――自分の顔に要注意

中堅社員の基本動作のしつけで第二に大切なことは、〃悪い報告〃は直ちにせよ、という教えである。

報告には、いい報告と悪い報告がある。いい報告とは、とうとう目標を突破したとか、苦労していた顧客からついに受注に成功したとかいったもので、悪い報告とはその逆、お客さんが怒っているとか、トラブル、事故やクレーム、自分の失敗というようなものである。

何も部下に言わないでおくと、喜ばれそうな「いい報告」は早くやり、「悪い報告」は遅らせるようになる。誰しも上司の喜ぶ顔を見るのは悪くないし、いやな顔をされるような報告は気が進まない。だから自然に任すと、こうなってしまう。ところが組織の要求は、これと全く逆なのである。いい話というのは、よかったなというだけで、それですぐ上司が行動を起こす必要は少ないのに対し、まずいことは直ちに上司が行動を起こさねばならないことが多い。また同時に他の部門が知っていなくてはならないと困ることも多い。これが遅れては、ことである。

トラブルに対応する緊急行動は、それが速ければ速いほど実害が少なく、遅くなるほど〃誠意がない〃と相手から決めつけられ、事後の収拾を難しくし、金銭、信用の両面で損失が大きくなることは、経験者なら誰でも知っている。悪いことほど早く報告するしつけ、これは中堅社員の段階から重要である。あらかじめ、「悪い報告は直ちにせよ」と、やかましく部下に言っておくことが大切である。これは案外、改めて強調しないとわからないものだ。

悪い報告が遅れるのは、こういう知識やしつけがないことのほか、報告を受ける指導者の側に原因があることが多い。

いい話の報告があると、とたんにニコニコと機嫌がよくなり、まずい話だといやな顔をして横を向く。最悪なのは、「それでどうするんだ。子供の使いじゃあるまいし、処置を言え」などと言うこと。こんなことを言えば部下は、〝ああ悪いことは、対策まで考えて言わないとダメなんだな〟と思い、悪い報告のタイミングはますますずれ、ある日突然予想しなかったことが報告されて、大騒ぎすることになってしまう。

いい報告にニコニコはいい。しかし悪い報告を受けたときは、実はいやな顔をする時間がある方がおかしい。すぐに立ち上がって自分が先頭になり、部下とともに行動を起こし、疾風迅雷《しっぷうじんらい》、先手先手で手を打って短時間のうちにそれを解決せねばならない。

悪い報告を聞いたときの自分の顔つき、それが相手の報告を遅らせる大きな原因である。

自分の顔に御用心。

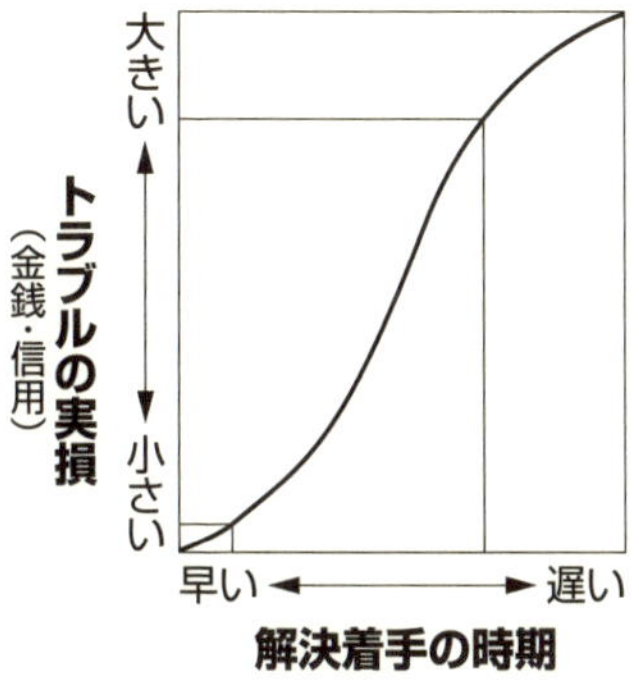

60 簡潔明快な報告をしつけよ——〝それで？〟と言うな

中堅社員時代にしつけを終わっておくべき重要事項の一つは、短い時間の間に要を得た簡潔な報告ができるようにすることだ。

報告にきたとき、もたもたと長話をし、なかなか要点がつかめない人がときにいる。話を聞いているうちにジリジリしてくるタイプである。

こうしたときには、不機嫌な顔をして「それでどうなんだ」という言い方はよくないと思う。じっくり全部を聞いてやり、その上でこちらが相手の言いたいことを整理して「要するにこういうことかね」と聞き、そうですと相手が言ったら、それならこういう報告のしかたをしなさいと、自分で報告のしかたや手順、表現を教えるのがよい。

時間もないのになぜこのような手間が必要かというと、不機嫌に先を催促すると、相手はそうなるのがいやで報告にこなくなったり、報告が遅れたりすることを助長する危険があるからである。これはときに、長話の弊害以上の大問題を起こすことがあるからだ。

要を得ない話をする人は、表現のしかたをよく知らないことが多い。だからその用件ならどんな言い方がよいのかを実際に示して教えることが必要なのである。ただ要点を早く言えと言われても、相手はあわてててつまるばかり。本当に要を得た報告をするよう相手を変化させようというのなら、まず「現物教育」をすること。不機嫌な顔は指導者の最大の敵である。

このタイプの人は、報告をする問題について頭の整理ができていないからこういうことになる。だから報告にくる前にあらかじめメモに書いて言い方を考えてこさせる指導も有効である。手で書いて考え、準備をすることは大切だ。


報告についてもう一つ大切なことは、事実と自分の推定をごっちゃにせず、この二つをはっきり分けて話すよう指導することである。それが事実なのか自分の意見なのかよくわからない言い方をされると、こちらの判断が間違ってしまう。これは大問題である。

一般的には、まず「事実」をまとめて先に全部述べ、その上で「自分はこう思います」と推定や判断、意見を最後に述べる習慣をつけるよう指導するのがよい。話を聞いている途中で、事実か推定かがよくわからないときは、それがどちらなのかを聞きただし、一つずつ確かめていく。

希望的観測というのがある。あることを期待していると、それが色眼鏡となり、事実を曲げて自分の都合のよいように解釈してしまうことがあり、若いときには、とくにこの点での冷静さや客観性に欠けることが多い。これでこちらの判断までが狂っては困る。

簡潔でしかも十分な情報、事実と推定・意見を明確に分けた報告は、上司や先輩のそのつどの注意と、やってみせる情熱によって成立する。

61 かげ口は組織の破壊者
——禁絶の手を打て

職場で皆が互いに助け合って愉しく働くことは、全員が望んでいることである。しかしこうしたチームワークも、ときにつまらないことでつぶれ、いやな思いをみんながするようになることは珍しくない。

チームワークをこわす最大の敵は、本人のいないところでその人の批評をすることである。言っている人は必ずしも悪意があるわけではないのだが、そこにいない人の話をしているうちに脱線し、こういう点がこうだと、結果的に悪口に聞こえるようなことを言ってしまう。

こうした話は人の口から口に伝わり、そのうちに誇張されるのが常で、言った本人はそのつもりでなかったのにもかかわらず、悪意あるかげ口として、言われた本人に伝わってしまう。人の口に戸は立てられないというが、だいたい、批判めいたことは悪口として本人に伝わるのがふつうである。言われた人はかげで言われることに不気味さと悪意を覚え、腹を立て、今後口をきいてやるものかとか、絶対協力してやらないと決心する。こうしてチームはこわれてぎくしゃくしはじめ、まわりの人まで迷惑を蒙《こうむ》るということになる。

そこにいない人のことはいっさい言わないというのが、組織人としてのしつけである。かりそめにも批判めいたことは厳禁。それは誇大に、悪意に伝わるのが常だからである。

もし本人のまずい点を言いたければ、本人と一対一で、ほかに人がいないときに丁寧に条理を尽くして言う。言いたいのならば、それを本人のためになるように言うのが当然であり、それには人がいないところで言わねばならない。軽率で口が軽かったり、単に自分の鬱憤を発散させるために口走るのでは、人間としての成熟度からみて問題である。

酒を飲んだときなどは、とくに注意する必要がある。飲んだ勢いで言ったことだと申しわけしても、これはイクスキューズにならず、本音《ほんね》ととられることの方が多い。みんな憶えてはいないさと軽く考えても、こういうことは案外みんながよく憶えているものだ。

どんな場合でも、そこにいない人の話はしない方が無難。

この種の問題を起こす人は、ふつう見当がつく。これは軽率であるか、悪意があるか、それとも性癖かのいずれかである。

証拠をつかんでじっくり話し合い、その行為が組織の破壊者を意味することをよくわからせ、以後厳禁を申し渡す必要がある。それでも直らなければ、それは悪性なものを意味し、別の処置が必要になる。

かげでほめるのは、いくらやってもよい。これは人間関係をよくする潤滑剤であって、人づてに聞いた本人は、それで好意を持つことになる。いずれにせよ、かげで誤解を受けるようなことを言う人は要注意人物である。

62 〝どうしましょうか〟厳禁

――まず考えを言わせよ

新人の域を脱した人なのに、上司や先輩に対し、「どうしましょうか」と言う人がいる。
このようなときには、上司や先輩は、「どれどれ、どうなっているんだ」とか、「じゃ、こうしたらどうだ」と言うことは厳禁。中堅社員の「どうしましょうか」という言葉には、特別な注意を要する。

こう言われたときには必ず、
「きみはどう考えているのか。自分の考えを、まず言いなさい」
と言わねばならない。

なぜこれが必要かというと、中堅ともなれば当然、自分の担当業務については自主的にこうしたいと思うものがあるはずだからだ。それを先に言い、その上で「どうでしょうか」というのがあたりまえである。

「どうしましょうか」という言葉を聞いたとき、その気になってこちらが「こうしろ」とか「ああしたら」と言ってしまうと、相手はありがとうございましたとその通りやり、自分の頭を使って物事を考えることをしなくなり、そしてそのうちに、考える能力を失ってしまう。これは相手の将来にとって重大な問題と言わねばならない。

もっと悪性の〝どうしましょうか〟もある。それは自分なりの考えはあるのに、自分が責任をとりたくないために上司に言わせ、その通りやる。これで結果がまずくとも、「おっしゃった通りやりました」と言えば自分に責任はこない。一種の知能犯である。

中堅社員の段階にあるのに〝どうしましょうか〟が出る原因の一つは、相手がまだ自分は新人だと思い込んでいるか、または必ずしもそうと考えてはいないが、新人時代の癖がまだ抜けていないことにある。〝どうしましょうか〟は、新人には許される。

このような原因を除くためには、あなたは新人から中堅段階に入ったよ、そのつもりで自分で考えてものを言いなさいと、相手に宣言するのもよい。人間、悪意はなくとも、以前からの惰性や習慣に流されることはよくある。改めて相手に「中堅宣言」をするのはよい方法である。

〝どうしましょうか〟を修正せず、受け入れて方法を教えてしまうのは、せっかちな人に多い。何でも早く片づける方が先で、人を育てることを同時にやっているという意識が不足しているとき、こういうことがよく起こる。

いずれにせよ何でも上司や先輩に依存しようとする習慣を持つ人は、決して伸びないだけでなく、将来はまことに暗いものになる。

〝どうしましょうか〟にご用心。

63 〃できません〃厳禁——三つの錯覚を指摘せよ

中堅段階に入った人の行動で、もう一つよく注意して対応すべきことがある。

それは、上司や先輩が、この層の人に対し、「こんなことを考えてみてはどうか」と、新たな企てについて検討を要望すると、相手がすぐ「できません」とか「無理です」といった調子で、ネガティヴに反応する場合である。

これは非常に困る。今の時代は、従来やったことのないことに挑戦し、克服していくことが最も大切で、また新しい課題に対する新たな発想や方法もたくさんあらわれている。それを、よく考えも調べもせずに、はじめから「できません」、「無理です」、「人がいない」、「予算がない」などという言葉を繰り返す人は、負け犬になって将来が危うい。

相手がこれらの言葉を吐いたときには、「まず、どんな方法があるか考えなさい。そういう態度では、あなたは伸びないよ」と必ず言う。そして期限を切って報告にこさせること。

それでも「できない」と言って来たら、ではなぜできないのか、その理由を言いなさいと述べ、その理由を聞いて二段構えで教育する。ふつう「できない理由」というのは、おかしなところが必ずあるものだ。

〃できない理由〃の半分以上は、言わず語らずの間に今までのやり方にこだわり、ある枠のなかで考えるために不可能と考えているものである。つまり**今までの方法では**、できないのにすぎない。ならば考えることは簡単、今までと違う方法を工夫すればよい。それを考えてきなさい。それを討議しようと言うべきである。

第二の〝できない〟は今すぐ一〇〇パーセント全部を達成しようと思い込みすぎるから、できないと考えてしまうものである。つまり、**今すぐ一〇〇パーセントは**、できないのにすぎない。予算がない、人がいないというのは、だいたいこれだ。すぐできないのならば、時間をかけてそれを達成することを考えればよい。今年は人も金も現状の枠で、できる方法をまず調べて計画する。来年は、それを試行してみる。実績を出し、三年めはというふうに、少しずつやっていけばよい。

第三の〝できない〟は自分一人の力だけでやることを考えすぎ、自分が非力なため不可能と思うタイプである。つまり**自分一人では**、できないのにすぎない。ならば問題は簡単、誰の力を借りたらこれができるか考えればよい。

すぐ〝できない〟と思う人の大部分は、**今までの方法では**、**今すぐ一〇〇パーセントは**、**自分一人の力では**という但《ただ》し書きつきの〝できない〟であるのに、これを忘れて絶対的にできないと錯覚しているのである。部下や後輩には、新しい試みに対し〝できない〟とは絶対に言わせないこと。むろんこれは、当の指導者にとっても禁句である。

64 自信過剰を治療せよ——難しい仕事に変える

中堅社員として活動をしている人のなかには、ときに陶冶性を失ってそれ以上変化することができなくなる人がいる。

このパターンの一つは、仕事の面での成功が重なり、それで自信が過剰になるタイプである。ほかの人が「こうしたらいいんじゃないか」などとアドバイスをすると、「なるほど、面白いですね。考えてみましょう」などと如才なく言うが、心のなかでは、何を言っている、この仕事がわかってるのは俺だけ、そんなの無理だよと考えて聞き流す。

一つの職務についたとき、能力向上はある時点で飽和し、自信と引きかえに陶冶性まで失ってしまうことがよくあるが、人の言うことがまともに自分の耳に入らなくなったら、その人は一巻の終わりで、自信がつけばつくほど謙虚にならなければ、人の成長は止まる。

この徴候が出てきた人には、きみはたしかに有能だが、それでは芯が止まってこれ以上伸びなくなるよ。きみのことを考えてくれているからこそ言ってくれるんだ。せっかく言ってくれることは真剣に白紙で聞き、できるだけその知恵を活用するようにと、教え込むことが必要である。

それでも、はいはいと聞き流すようだったら、かれの仕事を今までよりも格段に難しいものに変えること。そしてある程度の挫折感を与えることによって、これを治療することも大切である。

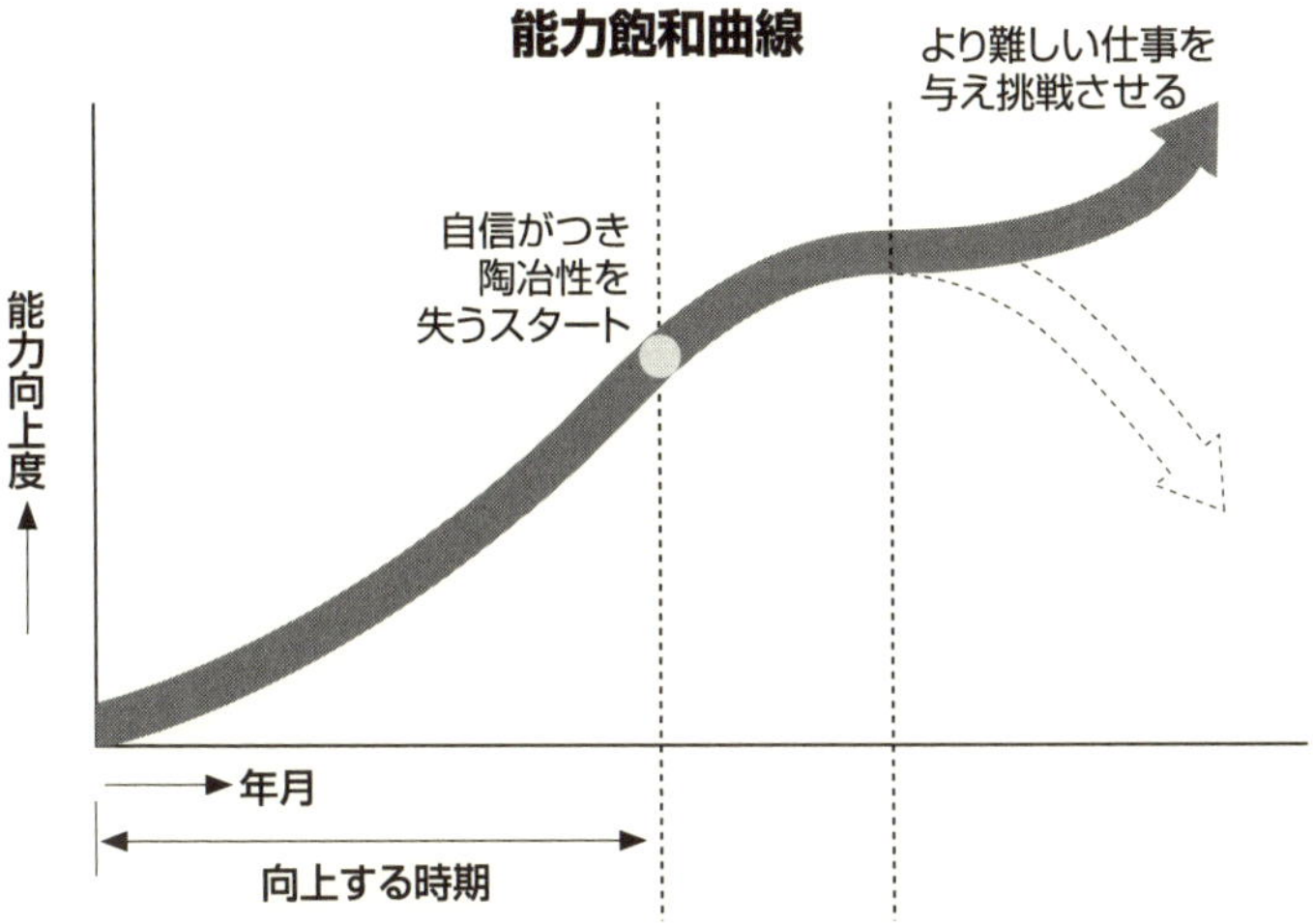

仕事が次々と順調にいっている間は、仕事の真実というものがわからない傾向がある。自分だけの力で全部成功していると思い込みがちなのが若い人の一つの傾向だが、現実はそうでなく、先輩が築きあげた会社の信用や、上司、他部門の人、同僚などのおかげで実際には自分の仕事ができている。

もっと素直になることが、人間の成長の根本である。松下幸之助氏は、同氏の成功の理由を問われて、九割がたは神さまや皆さんのおかげ、自分の力は一割くらいしかないという意味のことを言っている。

若い人が本当に伸びるには、ときに挫折感を味わって悩み、自分を考え直すというプロセスをどうしても必要とする。順調すぎて自信過剰に見える人は、相当に難しい仕事に挑戦させるのがよい。

悩み、苦しむ。これが飛躍のバネである。

65 任せて成功させせよ——目標を押さえ、方法を任せる

任せる育て方

新人の育て方の基本が〝やってみせる育て方〟であるとすれば、中堅社員の育成の基本は、である。

しかしここでいう〝任せる〟は、よきにはからえと仕事を全部預け、放り出すということではない。このへんが誤解されていることが、ときどきある。

任せる育て方とは、まずかれ（または彼女）が、いつまでにどこまでいくかという目標を押さえ、その目標を達成するために必要な**方法を任せる**ということである。目標も決まらずに任せてしまうと、相手の努力はいいかげんなものとなり、ほかとのタイミング上も間に合わなくなるかもしれない。任せることの前提は、指導者と本人が話し合い、期限と達成レベル、つまり目標をはっきりさせることにある。

一つの目標を達成するのにも、いろいろな方法がある。どうやったらこれがうまく達成できるか、ここを頭をひねって工夫し考え、実行してみるプロセスで人が伸びる。方法を教えてしまっては何にもならないし、第一本人が面白くない。

方法を考えさせ、試行錯誤は許すというのが任せる育て方の根本である。考えて実行して成功

し、あるいはうまくいかないことを発見してやり方を変える。これで仕事が自分のものになるわけで、失敗するのを恐れて全部未然に防止するように指導者が動くと力はつかず、不満だけが相手に残ってしまう。セッカチは禁物である。

しかし放っておくと期限に間に合わなかったり、本人ががっくりしてやる気を失ったりする危険がある。したがって方法を任せるとは言っても、相手の人を見て、全部任せると言ったらどうしたらよいかわからないだろうと思える相手には、ある程度具体的に手順や方法を教える。これは新人から中堅になってまもない人が中心。

だいたい自分で考えてやれるだろうなと思える場合でも、方向を間違えると取り返しがつかないと思う相手には、だいたいの方向づけをする。そう間違わないなと思える相手には、目標を示すだけで、あとは何も言わない。

任せる育て方

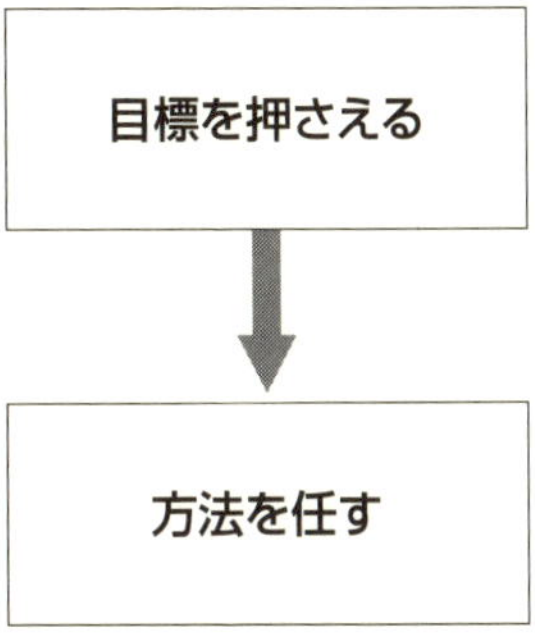

方法の任せ方を厳密に言えばこうなる。ただしこの場合に指導者が注意せねばならないことは、予断をもって相手の力を測らず、必ず「どうやったらいいかね」と打診し、相手のその問題への力を測って言うこと。そして39の項目で述べたように、こちらから教える程度には〝背伸びの余地〟を残し、全部は絶対に教えないこと。

66 応援して自信を与えよ——目立たないのが最上

目標を押さえ、方法を任せた。そうすれば相手が育ってくるかというと、これだけでは実は危ない。

相手はそのあと、やってみてうまくいかず、つぶれそうになって困ることがあるかもしれない。自分では排除できないような障害が出てきて立ち往生ということもあろうし、何とか進行してはいるが、時間がかかりすぎて期限に間に合いそうもなくなったり、金がかかりすぎてまずいことになったりすることもある。これでは困る。

任せる育て方で最後に大切なのは、相手の仕事の進行状況を観察し、必要なときバックアップをして成功させることである。育てるということは結局、相手にその仕事についての自信をつけることなのだが、失敗すると、それがたとえ自分の力の及ばない他の障害によるものであっても、やっぱり自信はつかない。

うまく進まないときは、その原因によってこちらの応援のしかたを決める。方法がまずいのなら、正しい方法を指示したり誘導したりする。考え方やその問題に対処する態度に問題があるのなら、考え方を変えさせる。

仕事上の障害がその原因なら、それを排除することを手伝ってやる。仲間の協力がうまく得られないのなら、関係する同僚に協力を頼む。社内の他部門からの障害が原因であれば、指導者がその部門と折衝してそれを解決し、本人が自由にやれる状態をつくる。社外との交渉ごとで本人の手に負えそうもないものであれば、連れていって交渉し説得する。

この場合、大切なことはやはり、本人の「背伸びの余地」を必ず残すこと。力の足りない部分が十のうち三あるのなら、三全部をカバーするのではなく、二くらいの応援に止めること。

もう一つの注意は、応援やバックアップはなにげなく、目立たないようにやること。上からいろいろ応援してもらったからできたと本人が考えるのでは、自信がつきにくい。自分でできた、と思わせること。こうした多少の錯覚は、成長に必要なのである。

だから、「どうだ、おれがやったからできたのだぞ」などと得意げに相手に言うなどは完全に落第。若い指導者で自分の力を示したいばかりに、育てることをぶちこわす人がいる。これは頭の構造が単純にすぎていただけない。部下が困っているときの応援は、もともと指導者自身の本来の仕事なのであって、他人に恩を着せるような性質のものではないことを銘記したい。

任せる育て方

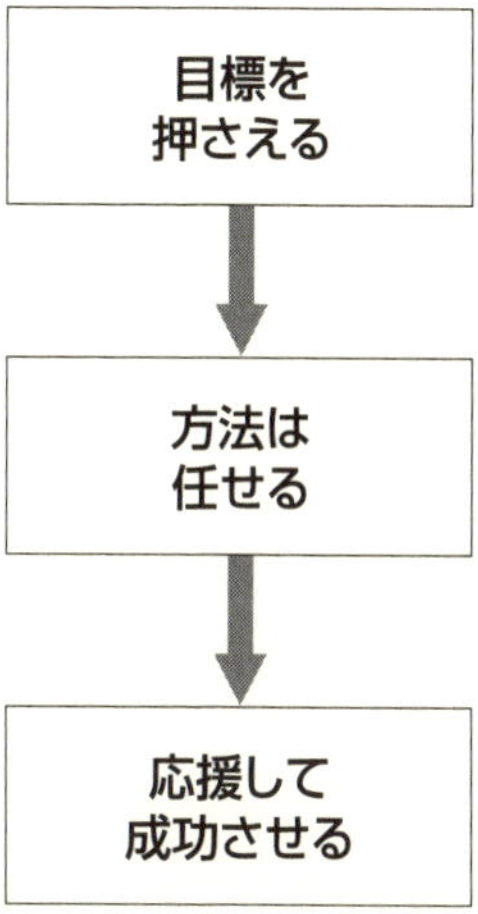

67 目標主義に変えよ——できるだけ主義は伸びない

中堅社員の時代に確立させておかねばならない重要なことの一つは、アクティブに自分の方から上司や同僚に働きかけ、自律的に仕事をしていく能力である。

新人の時代は何も知らないのだから、教え込まれて受動的に仕事をするというのは、ある程度やむを得ない。しかし中堅ともなれば、特定の仕事を分担し、その仕事に関する限りは自分が最もよく知っているのだから、受け身で言われたことだけやるというのでは困る。

仕事を工夫し改善していくのは自分の仕事であり、これをやるには、まわりの人に働きかけて実現する積極的な姿勢が必要である。

これには、今の仕事をできるだけよくするという〝できるだけ主義〟でなく、自分で、いつまでに、どこまで到達するかという自分の目標を設定し、逆算して方法を考え、それを達成するように努力するという〝目標主義〟に転換させる必要がある。

〝できるだけ主義〟と〝目標主義〟は全く違う。これは生活の習慣であり生活態度なのだが、これを転換させるのだ。要するに自分で、〝自分に期限を切る〟習慣をつけること。

目標を追求する過程には緊張があり、スリルがあり、面白さがある。その人の能力は〝目標主義〟の方が〝できるだけ主義〟より格段に伸びる。こうした自己管理は面白く、そして最も自分のためになる。

指導者は部下個々人別の目標を設定することが必要だが、これはこちらから割りつけるのではなく、中堅の人びとが自分の目標を自分で言い出すように誘導することが大切。前に述べたように、こちらの方から言い出すと、せっかくの相手の仕事の面白みは半減してしまう。

目標を自分で設定して努力し、達成のメドが立ったら、達成の前に次の目標を考えさせることが大切である。人によっては、達成してやれやれと腰をおろしてしまい、次の目標がないために、仕事の面白みが消えてしまう。これは恋愛中は結婚の目標があるので愉しいが、結婚し目標を失うと「墓場」になるのと似ている。要は達成前に、次の目標を立てさせること。

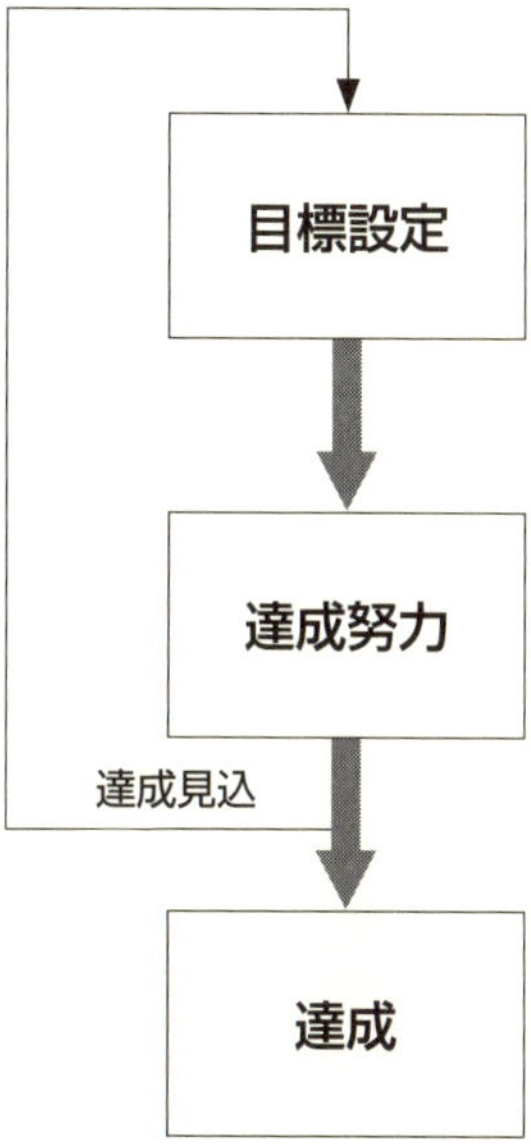

指導者が中堅社員に対して成すべきことは、放っておいてもこのように自律的に目標に向かって努力し、自然に成長していく態勢を一人ひとり全員につくることであり、そして仕事が面白くてたまらない状態にもっていくことである。
ここまでいけば、中堅社員は自然に伸びていく。

68 改善の腕を与えよ——技法よりも考え方を

中堅社員の時代に身につけさせておかねばならないもう一つのことは、自分の担当している仕事を、自分で改善していく腕を与えることである。

ここで改善とは、今の仕事を、より速く、より安く、より少ない手数で、もっと目的に対して効果的に、よりお客様に喜ばれるように新しい方法を編み出し、それを実行して自分の生産性を上げることを意味する。

自分の仕事は自分がいちばんよく知っている。だから中堅社員は、今までの仕事のやり方をただ繰り返すだけではダメで、それをよりよいものにしていく腕が必要である。

改善の考え方ややり方は、最近は小集団活動などによってポピュラーなものとなっており、決して難しい性格のものではない。しかし、最も大切なのは個々の改善技法ではなく、改善に対するものの考え方や態度であり、指導者はこれを教える必要がある。

まず第一に重要なのは、**改善は永遠にして無限であること**。一見これ以上改善の方法はないと思えるようなものでも、必ず改善の余地が残されている。方法がないと思うのは、頭のなかにいつのまにか先入観ないし枠ができており、そのなかでしか考えていない証拠である。

第二には、**改善の「仮説」を持たせること**。誰でも仕事をしているうちに、このへんはおかしいんじゃないかとか、こうした方がいいのではと思うことがある。それをそのままにせず、もっとはっきりした仮説としてまとめる。そしてこの仮説は、すべてを疑ってみる態度から生まれる。

第三には、必ずその問題に関する事実や数字、他の人の考えなどを調べ直し、すべて**事実から出発させる**こと。想像や先入観でやると、必ず失敗したり効果が出なかったりするものである。

そして改善案をつくり、上司や同僚を説得し、賛成を得て実行する。実行の上で必要な修正をし、マニュアルやビデオの形で有形化して残すことで改善は終わる。

指導者にとって必要なことは、絶えず改善の意欲を刺激してやらせ、出てこないときはこちらから問題を投げかけて考えさせることである。そして出てきた案に対しては真剣に検討して、極力これを実行に持っていくよう努力すること。上司が関心を示さなかったり、実行のために打つべき手を十分打たなかったりすると、部下の改善意欲は急速にしぼんでしまうものである。

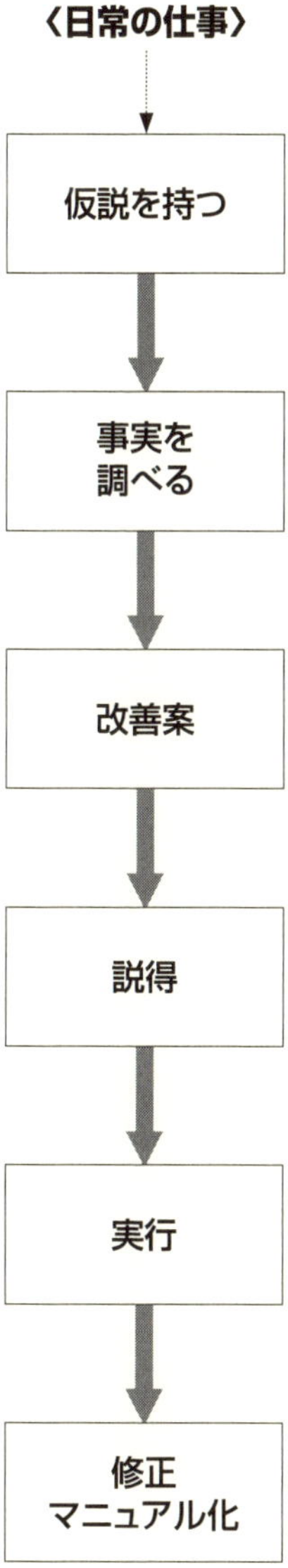

69 標準化の腕を与えよ——ノウハウを蓄積させる

標準化とは、現在バラバラに不統一のままになっている仕様や規格、部品、仕事の処理方法などを、最もよいものに統一して客観化し、仕事の効率を上げ、また他の人に伝えやすく、速くマスターできる形に変えることである。

標準化は、一見難しく複雑で特定の人にしかできないように見えることを、その人でなくともできる形に変える意味を持つ。中堅社員は、自分の仕事を自分で標準化して後輩や一般職の女性などに教えて肩代わりをさせ、自分はもっと高級な仕事に逐次向かっていくことが必要である。

一応担当業務に慣れた中堅社員には、自分の担当している仕事をもう一度研究して改善し、マニュアル化してほかの人にもできるようにすることを指導者が奨め、それを促進する必要がある。マニュアルにするには、改めてその仕事の目的をはっきりさせる必要があり、やる前に準備すべきこと、最も効率的にそれをやる手順と方法、注意事項などをまとめる必要がある。これは改めての勉強を意味する。

マニュアル化は、その人にしかわからないブラックボックスのなかにあった仕事の内容を、誰にでもわかるようにして人に譲れる状態にし、また担当する人が変わっても、苦心してつくったノウハウが失われないようにする意味がある。今はノウハウの時代。マニュアルによるこの蓄積は、経営上非常に大きな意味を持つものである。

つくったマニュアルは、後輩や仕事を引き受ける人の教育用に使い、マニュアルとともに仕事を引き継ぐ。受けた人はまた工夫して改善し、マニュアルを改訂していくわけである。

標準化マニュアル化とはいっても、起こるすべてのケースを網羅しておくことはできないことが多い。だからその基準に該当するときはすべて任せ、例外事項が起こったときだけ相談に乗ったり、指示を与えたりする。これを例外管理という。

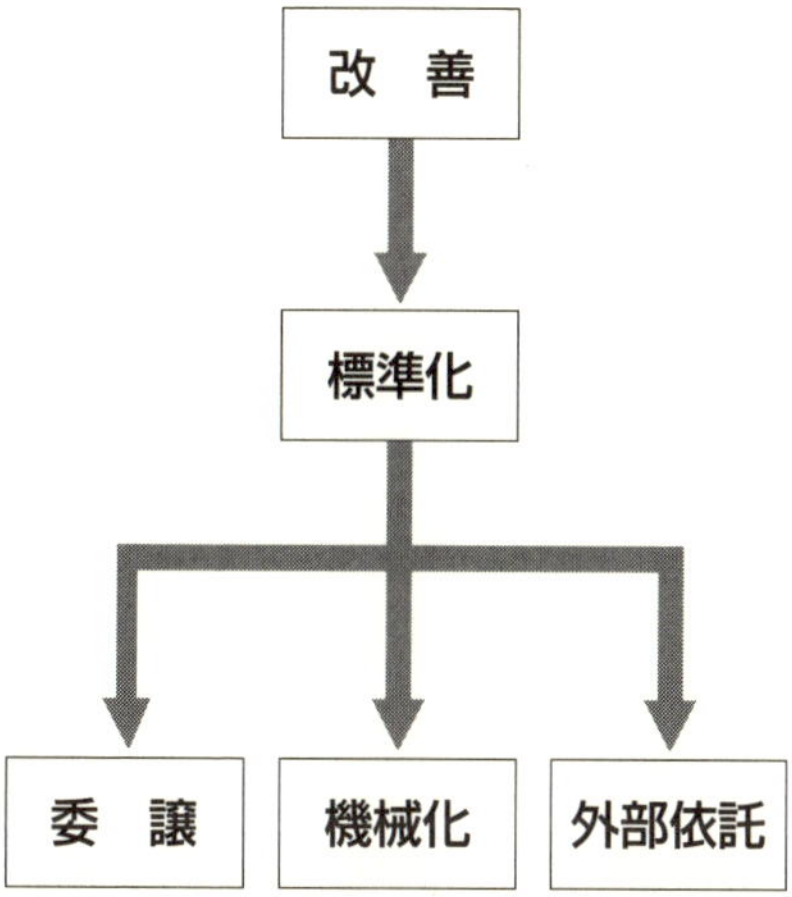

中堅社員が自分の仕事をレベルアップするには、まず改善し、それを標準化し、そして機械化し、もしくは人に譲る、外部に依託するという順序になる。改善をせずにマニュアル化をするのは、ムダを固定させることになる。OA化なども、まず仕事の標準化ができていないと、うまく前には進まない。

指導者は、まず標準化が大切なことをよく説き、一人ひとりの部下の仕事の標準化の進行を観察し、方法を教えたり統一したり、障害を排除したりすることが必要である。

70 表現力を仕上げよ

——苦手なことこそ多くやれ

　ここで表現力というのは、話す・聞く・書く能力のことであって、自分の意見や情報、事実などを他の人に伝達する基本の力である。話す方では、短い時間で要点を落とさず簡潔な話ができなくてはならないことは、前に述べた。事実と推定を分けること、会議などで積極的に意見を述べること、人の前で発表することなどに習熟する必要があり、問題だなと思う人には注意して宿題を与え、考えさせるのがよい。

　第二に、人の話を聞くことは、話すことの裏返しである。聞き落としがないよう注意深く聞く。必要なものは記録をする。会議の議事録をつくることは訓練になる。傾聴する習慣が大切だ。

　第三に、書く能力は、いかにオフィスの機械化が進んでも大切な能力である。まず読んでもらえるように書く。一見して読む意欲を失うような書類がたまにあるが、読んでもらえなければせっかく書いた労力がゼロになってしまう。

　書く場合も話す場合と同様、短い分量で、要点を押さえて簡潔明瞭に文章を書く必要がある。誰でも読む人は常に忙しく、その読む時間を短縮し、わかりやすくすることが大切である。口頭説明を行うような報告は、できるだけ一ページ主義を徹底させる。これは頭の整理を促進する意味が大きい。書く能力というのは、その人がものを読む量と比例する。本などをたくさん読んでいる人は自然に表現が的確になり、簡潔な文章を書く力がつき、さっぱり読まない人は、なかなか書く力が伸びない傾向がある。もっと本や雑誌をよく読ませる指導が必要である。

話したり書いたりする能力は、ある程度その人の素質や学校教育などの結果による部分もあるが、このレベルに最も大きな影響を与えるのは、結局**場かず**であると思う。簡単に言えば、話したり書いたりする機会の多い人は、この繰り返しによって自然にそれが上手になるし、あまりやらない人は、いつまでも能力が上がらない。

考えてみればこれは当然のことで、こうした力を上げるには要するに場かずを多く踏む以外に方法はないのだが、現実には全く逆のことが起こっている。

自分を話し下手だと考えている人は、それを意識して口かずが少なくなり、ためにいつまでも下手なまま、また書くのが苦手と思っている人は、書かないからますます上手にならない。これは、ばからしいことである。

指導者は中堅社員を一人ひとり点検し、話し下手の人にはそれを克服するため、もっと積極的に発言することを奨め、黙っていたら何度も名指しで発言を促す。書き下手には意識的にたくさん書くことを奨め、報告なども必ず書いて持ってこさせるようにすることが大切である。

苦手なことこそ、それを意識的積極的に数多くやり、自分の場かずを増やす。これが表現力を高めるための唯一無二の方法であることを、部下にしっかり教え込まなくてはならない。

71 落ち込んだ人を引き上げよ——兆候をつかめ

今の時代はいろいろな変化が連続し、激しい競争のなかで互いにテンションが高まり、また仕事そのものが難しくなってきているため、このなかで精神的に落ち込んでぐるぐる回りをはじめる人が出てくる。ひどいときはノイローゼになり、会社を休む。あるいは奇妙な言動をする人が出ることもある。

こうした人は、まじめで実直、真剣に自分の仕事を果たそうと考えるあまり、こうなってしまう内向的な人に多い。いいかげんなタイプは、なかなかこうした状況にはならないものである。

精神の健康は、働く社員にとって重要な要素である。これは中堅時代から係長級に起こることが多いが、指導者は部下が重症にならない前にこれを引き上げ、正常な状態に戻す責任がある。

まず部下一人ひとりの仕事ぶりをよく気をつけて見ていること。近ごろちょっと調子がおかしいなと思う人があったら、二人きりで話す機会をつくる。最近は無口《むくち》になったとか、一人で考えているとか、仕事が遅くなったとか、出退勤の状況が変わってきたとか、顔色がよくないとか、兆候はいろいろある。

会うときは徹底的に聞き役にまわり、近ごろの仕事の状況や個人的なコンディションなどを聞く。わりあいはっきり悩みを打ちあける人もあるし、はかばかしく口をきかない人もあるが、心理状態を聞きながらよく観察し、いったい何が問題なのかを考えていく。

こうした状態になる人は、むしろそれをほめるべき場合が多い。技術者やスタッフなどの専門職は、むしろ真剣に仕事にぶつかり、こうした状況で苦しみ、それを突破することの繰り返しによってほんものとなるもので、のんきで程度の低い仕事に満足している人よりはよほどよく、将来伸びる条件を備えている人である。

これを率直に言い、自分や他の先輩などの似た経験を話して、自分だけがそうではないのだということを印象づけ、考え方を指導する。一般には中堅社員時代のそれは、みずからに期待され課されている目標を過大に考え、一度にそこに到達できない自分を責めるケースが多い。もっと段階的に手近なところから考えさせる指導が必要である。

落ち込みから逃れられないのなら、開き直ってその中でふんぞり返り、時間を待とうというアドバイスが効くこともある。苦しいとはいっても、まかり間違っても殺されるようなことはないんだと言われ、一時に気が軽くなるケースもある。

指導者の日常指導が厳しすぎると、気落ちする人をいつのまにかつくってしまうことがある。自分では平気でぽんぽんと部下にいろいろなことを言っているのが、特定の人を傷つけたり、落ち込む契機をつくったりすることもある。指導者が部下にものを言うときは、こう言ったら相手はどうなるか、計算ずくでなくてはなるまい。

72 事故で部下を葬るな——誤らせないしくみをつくれ

部下を指導する人には、ときに思わぬ落とし穴がある。それは、ある日突然、部下が不正な行為をしていたことが発覚し、その監督の責任を問われるという場合である。

これは、金銭を扱ったり資材購買など社外と取引する部門などでたまに起こることであるが、その他の部門でも思わぬことがときに起こる。指導者は驚き、がっくりし、そして何らかの形で責任をとらざるを得ない。こうした事件にぶつかった指導者の共通のパターンは、そのようなことが起こるとは夢にも思っていなかったというものである。自分の身にはまさか起こるまいと思うようなことが、ある日突然現実になるのが、この種の問題の特色である。

自分のことはともかくとして、事件を起こした当人は、これで社内から葬り去られるのがふつうであり、社内に残ることができても将来はまことに暗いものとなる。これはどううまく育てるかということ以前の根本問題で、育成の失敗はここに極まれりということである。

人間というものは基本的には弱いもので、実際に誘惑の多い環境のなかでは、つい平常心を失ってしまうものであることを、過去の事例が共通に示している。本人はたしかに悪い。しかしそれ以上に、本人を誤らせてしまう可能性のある環境をそのままにしていた、経営側や指導者に本当の責任があるという考え方が、この問題に関する正しい態度であると思う。

指導者は、自分の担当部門のなかの仕事のしくみを再点検し、そのような可能性のある業務の体制を、もう一度よく考えてみるべきであろう。はじめから終わりまで一貫して全部特定の人に任せるということが、かえって誘惑のもととなるような要素は残っていないか。ダブルチェックした方が安全なものはないか。

誤る可能性のある仕事に、あまり長く同じ人をつけすぎていないか。定期に交替でやらせた方がよいものはないかも、一つの着眼点である。この種の問題は、同じ仕事をあまりにも長い期間やらせたことによって起こる例が多い。人の育成をよく考えていれば、このようなことはしないはずである。

誤らせないしくみをつくることは、部下を信頼し任せることと絶対に矛盾しない。部下は信頼すべきものである。しかし人間は、時間がたつにつれ金が足りないという状態に陥ることはよくあり、そのときに、誘惑されやすい仕事の環境をそのままにしておけば、誤りを起こしやすいのは当然である。本当の責任は指導者にあるのだ。

こうした事故は、部下だけの問題でなく指導者自身の問題でもある。誰もこのようなことが起きるのを望む人はいない。しかし事故は、ある日突然、予想もしていなかった人の前に立ちはだかる。

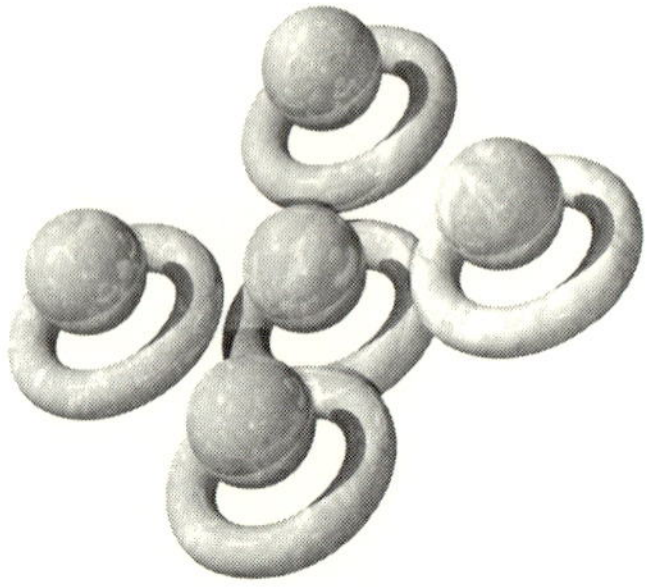

第6章

役付き者の育て方

ここで役付き者というのは、中堅社員の段階を脱し、
係長・主任・作業長・職班長などの職名を
正式にもらって活動している人びとのことを指す。
この階層は、担当する仕事についての
専門能力を完成させるべき人びとであると同時に、
管理者もしくは幹部専門職となるための準備の時期にあたり、
この意味で中堅社員の育て方とはまた違ったアプローチが
必要である。

73 信頼感をチェックせよ
——本当に信頼されているか

役付き者は、いずれ管理者になるか、あるいは幹部専門職として仕事をする立場になる人であり、今はその準備段階にあると考えてよい。

この準備のために大切なのは、かれが部下から本当に信頼されているかどうかということである。信頼感はすべての基礎で、とくに管理者になったときに問題となる。幹部専門職ともなれば、自分の直接の部下ではない人に喜んで働いてもらわねばならないのだから、管理者よりもさらに信頼感が重要である。

指導者は、役付き者の部下からの信頼感をチェックするため、その部下とも直接接触し、直接間接にかれの信頼感のレベルをつかむ必要がある。役付き者を通じてのみ、その部下に接触するやり方はよくない。信頼感に限らず、役付き者の育成をしようと思ったら、その下の層とも接触しなければ、何を直させたらよいかがわからないからである。

部下からの信頼感に最も大きく影響するのは、何といっても、その人の人柄。先頭に立ってよく働くか。工夫に熱心か。部下の心をよく理解し、その言うことやることが部下の方から見てためになっているか。公平で裏表がないかなどである。

とくに問題なのは、かれが自分中心の人でなく、本当に部下のことを考えているかどうか。管理者や幹部専門職になる人は、「利他的」な人でないと部下の協力は得られない。部下のアイデアを自分が考え出したかのように言ったり、部下に厄介な仕事を押しつけて自分は格好のいいことだけをやるといったところがあれば、少なくともさらに上級の仕事には推薦することができない。

こうしたことは、その役付き者の日常の言動をよく知り、かつその部下とも接触を怠らなければ、比較的よくつかめるものである。気づいたことは二人で懇談し、よく注意する。この種のことを直すのは一見難しいように見えるが、これは、個々のまずい行動を直すことによって結果的に心を変えるアプローチの方が効く。

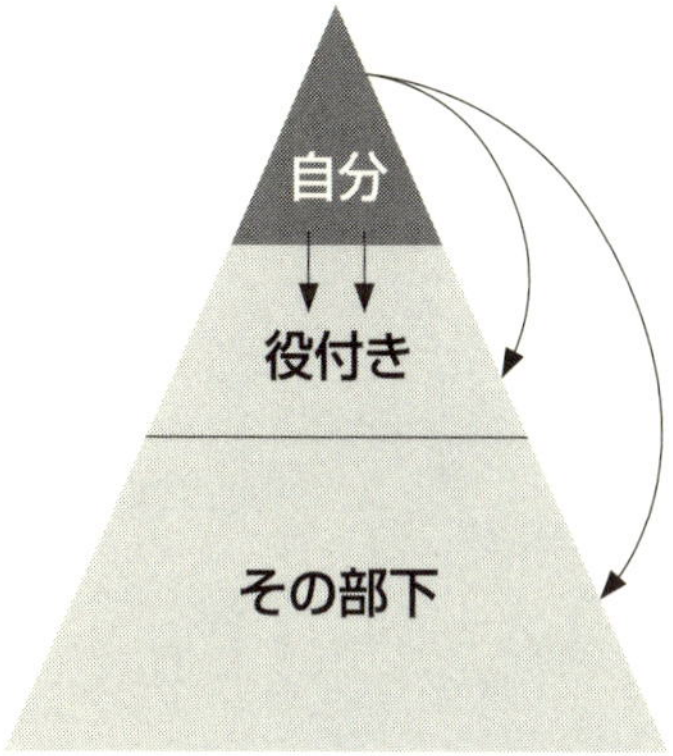

人柄のほかに、部下のバックアップをよくやっているか否かも信頼感に大きく響く。いざとなったとき助けにこない人は部下から信頼されないし、危なくて一緒に働けない。

いずれにせよ役付き者は、その部下の模範となるべき人である。まずいなと思ったらそのつど注意を繰り返し、直るまで腹を立てずにそれを続ける。役付き者に対しては、その部下に対する数倍の厳しさを持って対すべきものと考える。

74 指導の情熱をチェックせよ——プレイング・マネジャーの落とし穴

次に役付き者の育成上注意すべき点は、かれらが自分の部下を育てることにどれくらい情熱を燃やし、またどれくらいそれを実践しているかをチェックすることである。

この層は、みずからの専門能力を持って活動に当たる点では中堅社員と同じだが、そのほかに部下を動機づけて燃焼させ、かつ育てる責任を同時に持ち、実質的にプレイング・マネジャーとしての性格を持つことが多い。

プレイング・マネジャーの仕事というのは、決して簡単ではない。かれはふつう、専門能力の面では最も脂が乗り切り、仕事が面白い時期にあるため、自分が直接やる仕事に夢中になって、部下やプロジェクト・メンバーの面倒を見ることがおろそかになることがよく起きる。

研究者や技術者などは、とくにこの点に注意を要する。また営業のグループマネジャーやスタッフ部門の役付き者も、人を預かっている実感よりも自分の直接担当する仕事での達成感を得ることが、結果的に優先しすぎることも珍しくない。

しかし人の面倒は、その人の好みでやってもやらなくてもよいというものではなく、いったんその職についたなら、必ずやらねばならないものである。ところが在るべき姿と、実際にやっていることの間には、よく乖離《かいり》現象が起こる。

指導者が役付き者の日常の言動をよく観察していれば、こうした偏りにはすぐ気づく。この症状は、役付き者が自分の直接担当する仕事に時間をとりすぎ、それに夢中になっていること、あるいはその部下が困っているのに、さっぱり手を打った気配《けはい》が見えないことなどによって推定することができる。

指導者はこれに注意を与え、もっと人の指導の面に力を入れるよう誘導する必要がある。本人がどうしても手が回らない傾向があれば、指導者自身がその部下の面倒をみることを臨時に肩代わりせざるを得ないが、このときには、その人の部下がどんな状態にあって、自分がどんなふうにカバーしたかを詳しく役付き者に知らせ、次は自分でやるように持っていく。

部下の面倒のみかたのルールをつくってやらねばならないこともある。直接やる仕事の分量の再検討を要することもあるし、その人の次の人に内部問題を考えてもらうようしつけねばならないこともある。

役付き者は、純粋の専門職からプレイング・マネジャーとなったため、心の切り換えが不十分で、今までのまま惰性でこうなっていることもあれば、自分は仕事自体が好きなので人の面倒をみるのは気が重いという人もある。

しかしこれではダメで、それなりの努力が必要である。直接やる仕事が面白いのでそこに偏るというのは一種の自己中心主義で、人間としてあまり上等な考えではないことをよく教えること。

75 要求水準を高くせよ——後手を許さず

管理者や幹部専門職への準備段階としての役付き者に要求されるもう一つのことは、担当するすべてのことについて自分から先に言い出し、上司から先手をとられないようにすることである。

役付き者は、まず自分自身の目標については、必ず先に自分でよく考えて「こうしたい」と申し出、了解を受けて実行することが条件。目標をこうしたらどうかねとか、目標はどうなっているかねと先に言われたら落第。「万事先へ先へと先手で言い出し、上司に先に言われたらアウトだよ」と、役付き者によく言い聞かせておく必要がある。

役付き者の言い出す目標のレベルも、上司から見てまずまずいいところだなと思えるようなものでなくてはならない。これには、目標のレベルを決めるとき、会社全体の状況から自分の上司に要求されるレベルを想定し、部門全体の立場と自分のグループの力、これから予想される条件の変化などを読み込み、仮にも自分が楽をしやすい安易な目標を出してはならない。

これからの担当事項についての改革や改善の方向についても同様で、上から先に問題を提起されて自分が後手《ごて》に回ることがないよう、いつでも先手で考えることを要求する。

役付き者の育て方の基本は、「任せる育て方」の点では同様であるが、経常的なことについては課長等に手間をかけさせず、役付き以下で全部処理できる状態をつくることが求められる。未経験の問題について尻ごみし、課長がこれを励まさねばならないようなことは役付き者には許されず、日常業務についての上の応援はほとんど必要としない状態が役付き者の標準である。

役付き者をこの目標によって育成していく間に、指導者は個々に、その適性が管理職にあるか幹部専門職にあるか、あるいはその両方をこなす能力があるかを見きわめる必要がある。

その一つの基準は、問題にぶつかったときのかれの態度である。象徴的に言えば、ある問題に直面したとき、「これをどのようにやったらよいか」の方法を先に考えるのは専門職タイプ、またこのとき、「これを誰にやらせたらよいか」をまず考えるのが管理者向きだといえよう。

ぶつかる問題に対し、その問題の性格に応じ、どのようにも使い分けることができるのが両方の適性を持つ人で、これらを想定し、管理者適性であるとしたら、たとえばあとどこが足りないか。専門職適性としたら、あと何を問題とすべきかと考え、それを指導強化していくことが必要だろう。

役付き者の指導の要点は、その自律性を強化し、放っておいてもきちんと仕事が進むよう、要求する水準を高く持して大成を求めることである。

76 企画力を向上させよ——上司の指導力が鍵

役付きレベルの人に対する教育のポイントの一つは、かれの企画力を高めることにある。
〝どうもうちの連中は企画力が弱い〟という言葉は、部課長レベルの人からよく聞くが、この意味はさまざまである。

最初の指示の趣旨をよく理解していない。調査が不十分で重要な見落としをする。一つの案にこだわり、もっとよい方向があるのに思い込みがひどい。検討すべき重大な角度を落としてしまうので採用できない提案になる。全体の方針や考え方を整理せず、すぐ具体的な問題につっ込んでしまうから滅裂な立案になる。内容が散漫で、よくわからないなど。

企画力を高めるには、まず指導者が実際にやってみせ、模範を示さねばならないことが多い。これは知的な作業で、一定の書式やパターンによってやれるものではないため、いくら口で言っても相手にはなかなかよくわからない傾向があるものだ。

それでも考え方の順序のパターンというものもある。最も一般的なのは、まず問題を明確にし、原因を調べ、それを解決する複数の案を列挙し、その長短を比較して最もよい案を選び、それを具体化するという形だが、問題によって考え方のパターンというのはいろいろある。それを教え込み、あるいは自分がやって見せて示す。

企画力を高める最重要の方法は、部下がそれを持ってきたときのディスカッションを通しての指導である。どんな考え方や方針を前提に立案したのか、事実の誤認はないか。原因の解釈は大丈夫か、もっといい案があるのに落としていないか、検討の角度には考え落としはないかなど、気づいたらどんどん指摘して討議し書き直させ、何度でも再討議する姿勢が必要である。

一般に指導者は、日常業務に忙殺されて企画の討議の時間を惜しむ傾向がある。これは全くまずいことで、新たな付加価値を生むのは日常業務でなく、新しい企画の成否にある。時間配分を逆にしてもっと討議の時間を増やし、そして同時に部下の企画力を錬磨することに時間をかけねばならない。

今の時代には、手足は活発に動くが頭を使う企画になるとダメという役付き者は、だんだんと価値が落ちつつある。要するに、やる気だけでは片づかない時代に生きているという認識が重要であって、このために企画案の共同検討ややり直しは、徹底的にやらなくてはならない。

企画力もまた、場かずに比例する。企画することを多くやれば自然に企画力は上がり、やらないといつまでも向上しない。指導者はこの観点から、できるだけこちらから各役付き者に企画すべき課題をたくさんばらまき、やいのやいのと押していくことが大切である。これはとくに、従来あまり企画らしいものを出したことのない役付き者に対し、留意を要することである。

77 ■ 管理力を高めよ——基本構想が重要

ここで管理力というのは、担当する個々の仕事を日程に従って計画的に進め、納期を確実に守ったうえで要求される仕事の質を確保し、必要な予算内にコストをおさめるよう仕事をコントロールする力を意味している。

今は、会社の重点は経常的な繰り返し業務からプロジェクト・ワークに移っており、二度と再び同じことは繰り返さない性質の仕事によって企業の業績が支配されている。研究や開発、設計や設備開発のプロジェクトは皆これであり、すべての部門での企画や改善の仕事もプロジェクティヴなものである。これが計画通りにうまくいくか否かは役付きクラスの管理力に負うところが大きい。

管理力の基本の一つは、その人の業務処理速度、つまり一日にどれくらいの量を処理できるかということにある。スピードが遅く、未決を貯めるタイプの役付きには注意を与える必要がある。

管理力の対象は、仕事の**品質**、**コスト**そして**期限**ということになるが、これには何といっても当初に立てた基本構想や方針がしっかり固められていることが大事である。最初がいいかげんだと、結局あとからやり直しや修正が起こり、期限もコストも、ときに品質も犠牲にされてしまう。指導者はこれを責任者にしっかり徹底させ、自分も参加してがっちり基本構想を固めさせること。

その上できちんと全体の日程計画と分担を決めて進行させ、途中での打ち合わせや調整を几帳《きちょう》面《めん》に行う習慣を強調する。チームワークでやることだから、日程計画や分担は明確であることを要し、互いに他の人に迷惑をかけないように仕事を進めさせる力が要り、指導者は、責任者がこの点で抜けているように見える点に注意を与える必要がある。

プロジェクトが終わったときは、必ずチームメンバーが集まって反省会を開き、よかった点を確認し、まずかった点を繰り返さないよう徹底する。この習慣をつけることは大切である。

責任者の管理力がまだ未成熟のときには、品質・コスト・期限の三要素を最初から同時に満足することを期待するのが無理なことも多い。このときには、最初からの三要素同時達成をあまりやかましくは言わず、かれの場合、今優先して卒業させるべきは、このうちのどれかを明確にし、他の要素は指導者自身がカバーしていかねばならないこともよくある。そして一つを卒業したら二つめ、三つめと逐次卒業させ、三つの同時達成とバランスのとり方を教えていく。

管理力は結局、そのプロジェクト責任者のチーム活動における人間を理解する心と、自身の意志の強さや粘りに依存するところが大きい。指導者はこれらの角度から有効な助言と誘導を果たすことが望まれる。

78 説得力を強化させよ——問題点を治療する

ここで説得力というのは、

自分が必要と信じることを実現するため必要な相手に働きかけ思った方向へ相手を動かす力

を意味する。

役付き者になると、交渉や根回しなどのため、この力が決定的な役割を果たすようになる。説得力について教えるには、説得の対象は四つあることを明確にする必要がある。それは上司・同僚（自部門内および他部門）・外部・部下であって、上司は最も重要な説得対象。そして上司・同僚・外部への説得力があれば、部下は自然についてくるものである。

説得力を高めるために強調すべき第一のことは、まず相手から信頼されること。信頼なくして説得なし。信頼されていれば、相手は好意的に話を聞き、説得の成功歩留まり

四方向への説得力

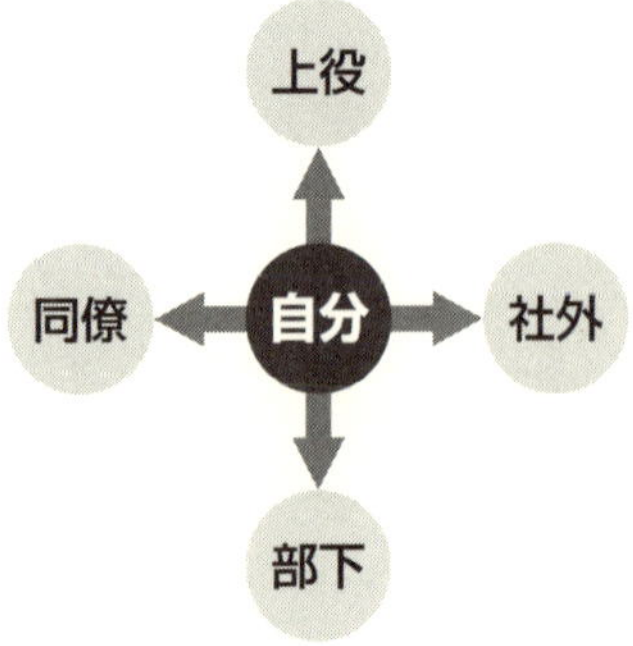

説得力の構造

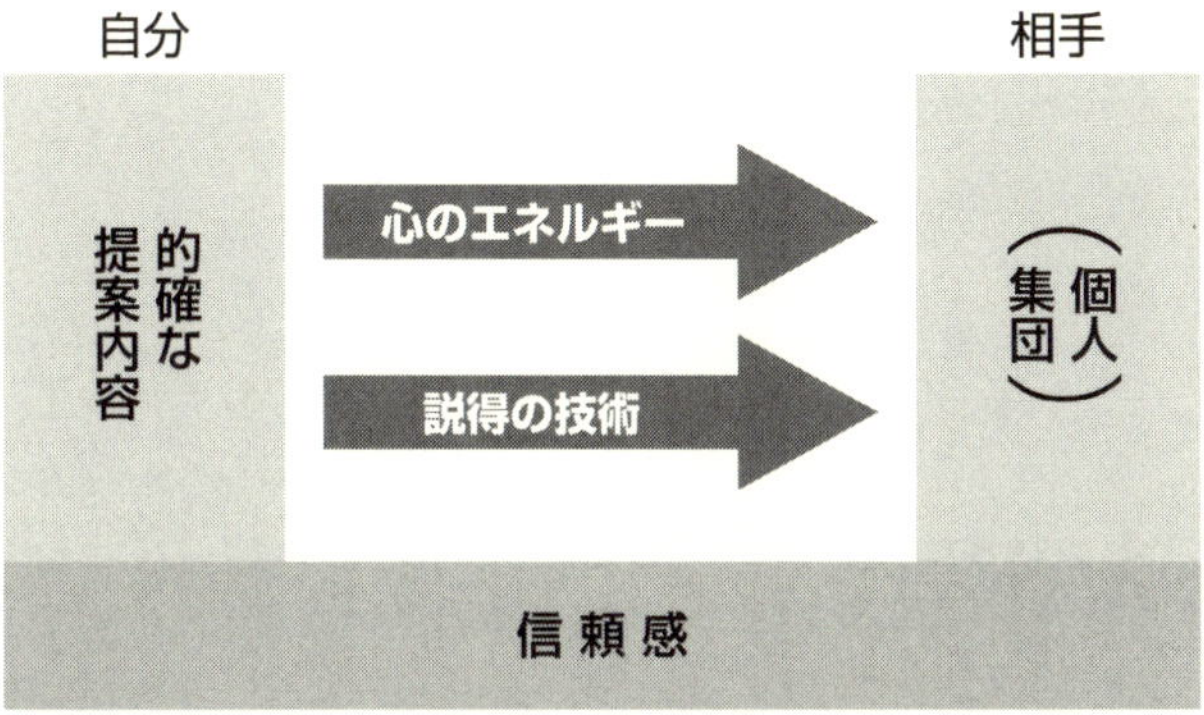

は上がる。

第二には、相手を説得しようとするこちらの案が会社に役立つ妥当な案であり、かつ相手のこともよく考えたものであること。これがもし間違っていると通らなくなってしまう。

第三には説得のエネルギー。自分の情熱を賭けて熱心に相手を説き、ダメでも修正して粘り強くアプローチする力。案がよくてもエネルギーとパワーがなければ人は動かない。

最後に説得の技術。相手が今おかれている立場や相手の人柄などをよく考え、それに合った説得のアプローチをすること。これにはいろいろある。

仕事で役付き者とつきあっていれば、こうした点から、かれの説得力の問題がどこにあるかは、すぐにわかるはずである。まずい点を指摘し、指導者が稽古台になることを明らかにして繰り返し錬磨をさせるのがよい。

第7章

管理者の育て方

ここで管理者とは、
課長もしくはこれに準ずる職務で、特定された部下を持ち、
経営の第一線における責任単位の長を意味する。
管理者層の育成を担当するのは直接には部長層であるが、
一般に部長層の人びとは、課長級の人びとを、
すでに完成され固まってしまった存在と考え、
その変化を強力に促進しようとする熱意に欠け、
仕事上のやりとりだけを中心に接触する傾向がある。
しかしこれは大きな誤りで、管理者時代こそ全力をあげて
相手を変化させることに取り組まねばならない。
管理者層をどう育てるか、
その成否によって次代の会社の命運が定まる。
この大事業は、ぜひとも成功させねばならない。

79 公私の別をチェックせよ
——部下の眼は違う

管理者ともなれば、その下の階層とは違い、直接注意を与えるようなアプローチをするものは比較的少なくなり、間接法で自然に変化するのを促進するやり方が大部分となる。

しかし、管理者段階の人には必ずチェックして完全にすべき重要なことが一つある。それはかれが、日常業務のなかで公私の別が厳密で明確であるか否かということ。これに多少でも欠陥があると、部下への影響は恐ろしい。

ふつう公私の別といえば、次のようなものを指すことになる。

金の公私の別……経費を実質的に自分のために使うことをしない。仮払いや立替費用の精算を厳密にやる。

物の公私の別……電話、消耗品、資材や商品などを私用に使わない。

人使いの公私の別……私用を後輩や部下にやらせない。

時間の公私の別……勤務時間中に私用を足さない

これらは組織人としてごくあたりまえの常識で、今さらいうまでもないことである。部下は、上司の行動を見ていないようでいてその実、実に詳細に見ている。上が乱れを起こすと、ああ、あそこまではいいんだなと考え、すぐまねてしまう。公私混同が経営者層で起こるときは、ブレーキが効かなくなって会社をつぶす原因にさえなるものである。

管理者が乱れを起こすと部下の信頼を得られなくなり、リーダーシップを損ない、各種の副作用を起こす。人はときに、それによって会社に実損を与える額は小さいではないかと考えるが、問題は実損にあるのではなく、それをやる心に対して起こる不信の念であり、小さなことがいつのまにか拡大して、大きな事態に発展する可能性である。

管理者はもともと、公私混同を起こしやすい環境要因を持つ。一つは地位への甘え。これだけ会社に尽くしたのだからこれくらいは、という心。そして二番めは、公私すれすれの問題のとき部下はむしろ公私の別を乱す方を奨める傾向があること。それくらいいいじゃありませんかと言いながら、かげで「やっぱり」などと言う。

管理者を指導する立場にある人は、まず自分自身のチェックが先、これは厳密に考えてやりすぎるということは絶対にない。そして管理者の日常の行動を見ていて問題があるときは、相当小さなことでもかげでよく注意を与えねばならない。

昔は、幹部は朝遅れてくるのがあたりまえとか、夕方長くいると皆が早く帰れないからすぐ帰るなどという、へんな常識もあった。地位への甘えが不信のもととなる。部下は自分たちの見えないところで働いているものは無視するものである。公私の別に限らず、管理者が部下の信頼感を損ないそうな癖は、きちんと直すことが必要である。

80 在任目標を設定させよ——ワンポスト・ひと仕事

課長もしくはこれに準ずる層の人びとの育て方の基本も、「任せる育て方」である。目標は押さえ、方法は任せ、経過を観察して必要なバックアップをする。バックアップの量はぐんと減ることになるのは当然だが、この繰り返しによって能力を逐次向上させていく原理は、役付き者の場合と基本的に変わりはない。

しかし役付き者と違うのは、その目標は個別の仕事単位や年度単位の目標だけでは許せない点にある。管理者に最も重要な目標は、かれがそのポストにいる在任期間単位の長期目標だというのが、管理者を育成するときのポイントである。

現代の管理者に最も重要なことは、**ワンポスト・ひと仕事**。歴任する一つひとつのポストで何らかの改革をやり、その人がそこを去ったあともその成果があとに残るような、会社にとっての「恒久財産」を確実に残して歩くことである。忙しかったが大過なく、ではすまされない。そこに何を残したかが問題である。

しかし部長が注意をしていないと、ぼんやり座って日常業務の維持管理だけやり、去ってしまう管理者が必ず出てくる。したがって新任課長を迎えた部長は最初にこのことを話し合い、最初の三カ月くらいの間に、かれの在任中の目標が何であるかを出してもらい、話し合って決定することが必要である。管理者は、新任後最初の三カ月が勝負どころだ。

在任目標は、少なくとも二～三年はかかるようなものが必要で、短期間にできることはふつう「恒久財産」とはなりにくいものが多い。部門の体質を変えるような問題に挑戦させることが、今日とくに重要である。

予測が難しく状況が定かでないときや、いずれにせよとりあえずやらねばならないものが明確なときは、一年くらいの目標からはじめるのでもよい。とにかく期限は明確に切り、はっきりした意思をもって意図的にその課題に取り組ませることが必要である。

その在任目標を考慮に入れ、毎年定期に年度単位での目標を話し合う。これはより具体的なものとなるが、目標を欲張りすぎず重点に集中し、その代わり必成を期させることが大切である。管理者として未成熟の人は、張り切りすぎて多くの項目をあげ、結果的に精力の分散に陥って目標を設定した意味を失うことがある。

問題は在任目標。これをはっきりさせて達成に努力することにより、会社は体質改革の益を得、本人は能力向上と達成感の両方を獲得することができる。

81 ■人の側面をつかめ——ツーウェイ・コミュニケーション

管理者の機能を大別すると、それは仕事の側面と人の側面に分かれる。

仕事の側面とは、日常業務を完全に遂行する**維持管理**のほか、仕事の改革で、新たな利益を生み出す**構造改革**がある。これは要するに仕事で業績をあげる活動である。

人の側面とは部下との関係であって、互いに信頼し**信頼される関係**をつくり、部下を**動機づけ**てやる気を起こさせ、**育成**して部下の能力を高めていく活動を意味する。この面がややもすると弱くなりがちなことは、第1章に述べた。

課長などの管理者層の人の側面の問題をつかむには、役付きの育成で述べたと同様に、課長と接触しているだけではかれの問題点はわからず、必ずその下の各階層との接触が必要だということである。

一般に部長は、前項にあげた管理者の機能のうち、構造改革については課長を評価することができる。しかし維持管理・信頼感・動機づけ・育成などについては、課長のもとにある三階層にヨコに接触していなければ評価はできないし、課長の問題点もわからない。これでは育てようがない。

接触して情報を得るには、いろいろな方法がある。工場長が毎朝現場を一巡し、作業員に声をかけ、機械設備の状況を見るなどというのは典型的な方法であるし、また個室にいる部長は同様にオフィスの各部門をのぞき、座り込んで話すことによって同じ効果を得る。カンが冴えてくると、感じで何かおかしいなということが巡回するだけでつかめ、これを追跡すると重要な事実にぶつかることがよくある。

営業部門なら、得意先への挨拶や売り込みの用件でその担当の係長や主任と同行する。総務・経理・人事・資材などの外部交渉でも同じことがいえる。用件の性質にもよるが、簡単な報告や提案は係長以下に直接来てもらうのが合理的であり、接触度数が増える。簡単なことでも必ず課長が来るというのは、自信がない人か、物事の軽重の判断ができない人などに多い。課内の会議などを黙って傍聴するやり方もある。

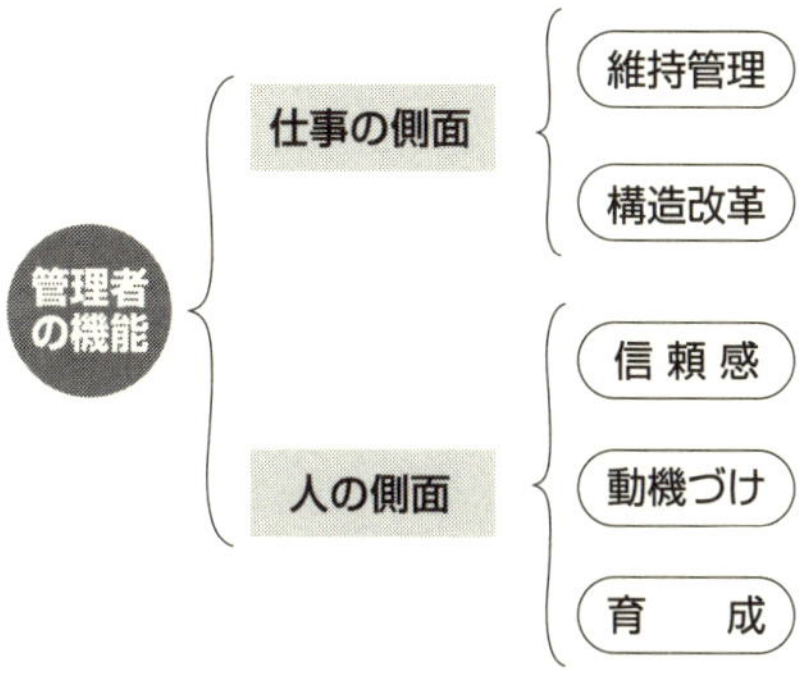

課長を指導するには、ツーウェイ・コミュニケーションが必須である。課長からだけのワンウェイだと、ときに問題がつかめず、不満な部下やまずいことが放置される。指令系統を統一することと情報のツーウェイ化は全く別の問題で、常に両立する。

気軽に出歩いて話を聞き、ときに各部門内の人びとに議論を吹っかけて歩くような行動が望ましい。

82　まず維持管理完全化を──平凡にして重要

はじめて管理者になった人に対しては、まず維持管理を固めさせ、これが完全なものとなるよう指導することが必要である。

ここでいう維持管理とは、日常業務をミス・トラブル・取りこぼしなく運営することであって、案件処理、仕事の標準化と管理、部門内分担の決定や部下の環境づくり、報告や連絡の完全化やしつけ、内部管理システムの改善や設定、年度計画とその実行管理などを含む。

これらは管理者の仕事の側面における最も基礎的なことで、維持管理上の失敗は対外信用の失墜やコストアップなどを生み、ときには会社の命運をゆるがすような大事件となることもある。

新任管理者は維持管理をばかにすることなく、まず新しい眼で現状をよく調べ、新しい仕事の構造と管理の体制を確立することに就任最初のエネルギーを注ぎ込む必要が一般にある。

上司は新任管理者にこの点を指摘し、維持管理の改革に関する仕事を最初の課題として取り組んでもらうべき場合も多い。こうしたことはほぼ完全で問題がないと思っても、管理者が交替したときは改めて点検させるのがよい。それは一度確立したように見えたものが時間経過とともに緩んだり、状況の変化に合わなくなってしまったりすることが多いからである。

維持管理の基本は、仕事の標準化にある。これは前に述べた通りで、仕事を改善し、機械化や外注化を容易にし、ノウハウを伝承蓄積するために重要なものである。そして原則として標準の範囲内の仕事は部下に任せ、例外事項だけを決定する方式によって、管理者が改革のために必要な時間を生み出す。

標準化が不十分と思われるとき部長は、これに対しとくに注文をつけ、例外管理方式によって部下に過密な指示を防ぎ、整斉たる日常業務執行ができるよう指導をすべきであろうと思われる。また部下に対する仕事の与え方、分担の決め方については、そこにどれくらい教育的配慮が入っているかをチェックし、これを単に仕事の面だけで考えないよう指導すること。

部下一人ひとりによく眼が行き届き、困っている人のバックアップが完全に行われているか。あるいは面倒みがよすぎて依存心を起こさせてはいないかも、チェック事項の一つである。維持管理に関する問題は個人差があり、一般的に言うことは難しいが、新任管理者の場合はとくに本人の行動をよく見ていて、適時適切なアドバイスをすることが必要である。

新任管理者が維持管理体制を固めるのに必要な期間は、問題が少ないときで三カ月、長いと最初の一年はこれに使うことになろう。管理者として大成するための基礎を固める大切な時期であるから、部長は注意深くこの立ち上がりを管理しなくてはならない。

83

業務改革を指導せよ

――仕事の側面四段階

管理者の機能のうち仕事の側面は、管理活動と改革活動に分かれる。

業務改革とは、今までと異なる発想と行動で業務を改革し、自己の担当部門から新たな利益を生み出すことである。管理活動は「守り」、改革活動は「攻め」にあたり、その性格は大きく異なる。

管理者を育てるには、まず管理活動を固めさせ、ついでその基盤に立って改革活動ができる人に仕上げていくのが順序である。そしてこの改革活動には、誰からもヒントを与えられずに自力でやる**主導改革段階**と、上司からヒント・方向を与えられ、それを具体化する形でやる**受動改革段階**がある。むろん前者の方がよく、最終的には自分が預かる全課長を、主導改革段階へ持っていくことが育成の目標である。

このように考えると、仕事の側面における管理者の段階には、管理不全、正常管理、受動改革、主導改革の四つがあり、あらゆる管理者は、このいずれかの段階に格付けされる。

部長は、自分の部下管理者が、それぞれどの段階にあるかを考えてみるのがよい。そして管理不全の段階にある人は正常管理へ、維持管理に問題がない管理者はヒントを与えて受動改革へ、これで改革のやり方を体験した人は自律的にやれる主導改革段階へと導くのが基本的態度である。

今個々の課長がどの段階にあるかは、年齢や管理者経験年数には必ずしも関係がなく、若くとも主導改革までやれる人もいるし、経験が長くとも維持管理に問題のある人もいる。冷静にこれを見定め、本人に自分の考えをはっきり言い、次に向かうべき段階を示し、どうしたらよいかを自分で考えさせる。

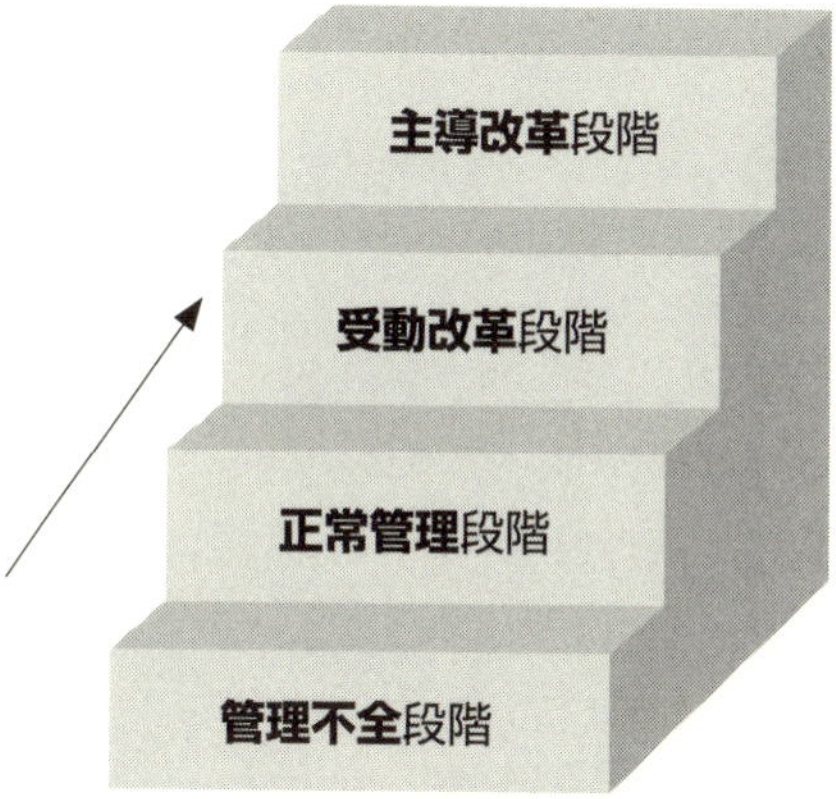

そして出てきた考えを二人で討議し、方向づけと確認を行うことが望ましい。これは毎年一回、定期にやるのがよいであろう。能力を高めるには、正しい段階を踏むのが最も早道であり、飛躍ばかり焦るとかえって損をすることが多い。地道な積み上げを指導する必要がある。

人によっては、すでに主導改革段階にあると思っていたのに、あとで維持管理上の欠陥を露呈するといったこともある。このときはあとに戻り、維持管理を固めることを指導の眼目としなければならないのは当然である。

84 新発想で洗脳せよ——方法は考えさせる

業務改革のプロセスというのは、その改革の性質によって異なる点もあるが、一般的にいうと、左図のようになる。

まずいろいろな行動によって従来と異なる**新発想**が生まれ、それを具体的な**構想**や改革計画にし、それをもって上司・他部門の関係する同僚・外部・部下を**説得**して実行を決定し、**実行**し、**成果**を得る。ほとんどの計画は、このプロセスを通る。

おおむねルールに従って仕事を管理し、例外事項を処置する維持管理に比べると、業務改革はより複雑で高度な活動の性格を持つ。そして、とりわけ重要なのは最初の新発想、今までと違う有用な発想を得るところであって、これがうまくいかないと構造改革は成功しない。

構造改革案は、**発想**の部分と**方法**の部分の二つに分かれる。たとえば乗用車の販売においては、従来の訪問販売方式に対し店売カウンターセールス方式への構造改革が行われ、これによって先進販売会社は、その生産性を著しく高めた。この場合の「発想」とは、〝訪問販売（顧客の場で売り込む）〟から、〝店頭販売（店に顧客を集めて売り込む）〟への転換である。この新発想によって、女性セールス制度、電話セールス・ダイレクトメール、ＴＶスポット、土日中心の営業体制などが、その「方法」として生まれた。

正常管理段階にある管理者を受動改革段階にステップ・アップするには、部長自身がいろいろ調べ、今までと違う新しい発想をみずからつかみ、これを管理者にぶつけ、洗脳して、新発想による改革の方法を考えさせ、誘導することが必要である。

今の時代は顧客が変わり、技術が変化し、すべての条件が変わっていく。それに合わせて売り方、つくり方、開発のやり方、事務の方法などを変革していかねばならない。しかし内部の発想は、外部の変化との間でずれを生じやすい。構造改革とはこのギャップを埋めることを意味し、まず異質の発想を管理者にぶつけ、その発想を切り換えさせることが、その出発点である。

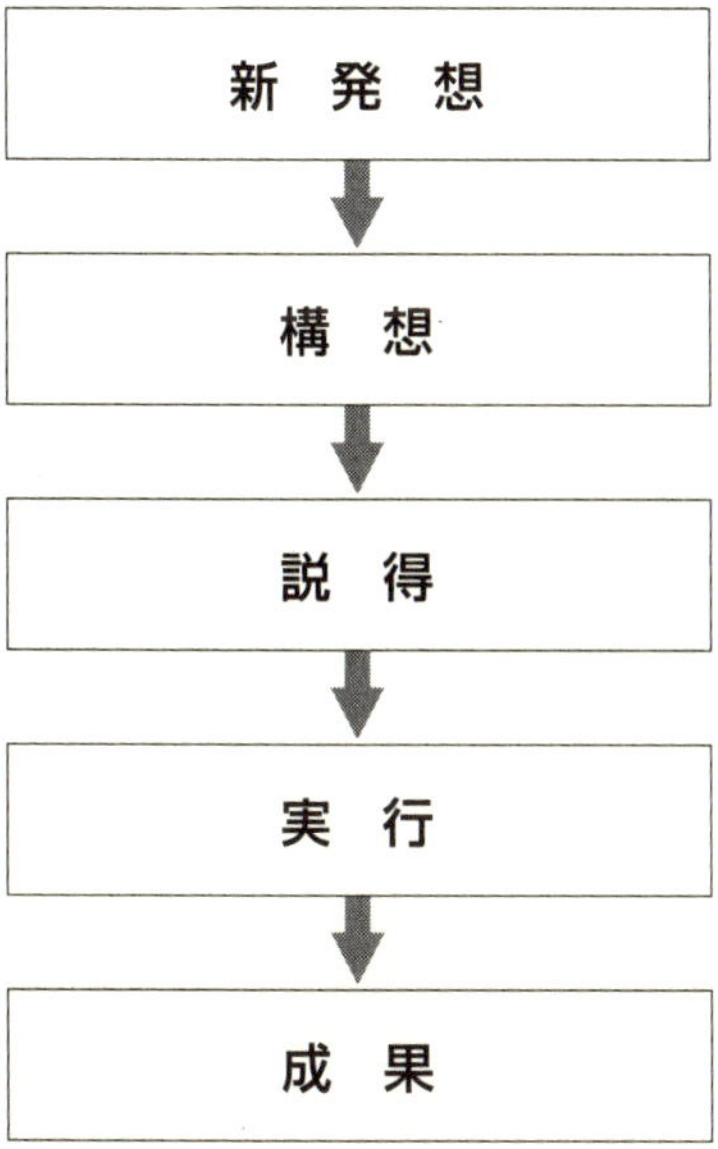

これは繰り返し繰り返し言うことが必要で、今までの発想はこうだ、これがなぜ悪いか、どんな新たな発想が必要か、それはなぜかといったことを熱っぽく何度も説き、そのような新しい雰囲気をつくってしまう。

この過程での反論は重要で、討議を大いにやる。そして新発想による新しい方法を考えさせ、実行に導くのが部長の任務である。

85 異質の交流を促進せよ
——社内だけにこもらせるな

受動改革段階から主導改革段階へ引き上げるには、新しい発想を上司に依存せず、みずからの力をつかむしかけが必要である。

新たな発想を生みだす第一の方法は、人の組み合わせを変えることである。上も横も下も、すべてよく知っている同じような考えの持ち主である場合、この組み合わせではふつう既成の概念にとらわれ、新たな発想は出てきにくい。

管理者のローテーションやそれを補佐する人の組み合わせを変えることが必要である。いかに優秀な人でも、同じポストに長くいて因縁《いんねん》経緯《いきさつ》にがんじがらめになると、どうしても改革が難しいと思うようになってしまう。

本や雑誌、新聞などをよく読み、そこから改革のヒントを引っ張り出すことを管理者に奨励する必要がある。求める気持ちさえ強ければ、これらのメディアは新発想の宝庫である。このために部長はよく読み、考えることで自分で範を示し、自分で読んだものを回して感想を求め、新企画についての宿題を盛んに出すことが大切。

他業界に友人を持つことを重視し、奨励する必要がある。今日では同じ業界のなかには学ぶべきヒントが少なく、たとえあっても同じ発想で、それに追随するだけでは絶対に競争には勝てない。他の業界でやっている新しい動きに旺盛な好奇心をもって臨み、面白いな、なぜそうするのか、その発想は自分に使えないかと考えるのが、異質の発想を生む実際的な方法である。

他業界の友人だけでなく、違う世界の発想は何でも改革のヒントとして役に立つ。宗教、音楽、芸術、政治など、友人は自分と異質の人である限り誰でもよい。学校の同窓会などへの皆勤はきわめて重要である。

他業界の友人をつくるには、経営専門団体や学会などで行うセミナー、コース、大会、シンポジウムなどは絶好の機会であり、勉強するだけでなく、これを機に新しい友人を獲得する心がけを説くこと。若い人に出席させ、自分はその報告を聞くだけでこと足れりとするのは、こうした催しの意味をよく知らないからだ。

面白そうなことをやっている会社には、こちらから申し込んで見学にいく。社会的な大イベントはいずれも時代の流れを象徴するヒントを含んでいるから、新しいものにはみずから参加して味わう。要するに社内にこもっているだけでは異質の発想は生まれにくい。どんどん社外に出、いろいろなものを見、友人をつくって接触を深めることが、今や非常に重要となった。

この点で管理者の行動を変えるには、まず部長層がみずから実践して模範を示し、その結果を使って刺激を与え続けること。自分の社内での動き方に関する価値観を変えねばならないことを継続的に強調することである。

86 できる人には重荷主義——組織は育成の手段

管理者層の能力を伸ばすためにぜひ考えねばならないことの一つは、できる人の負荷はどんどん増やし、逆の人は負荷を軽くして再挑戦させるオペレーションである。

たとえば、A課長が要求されることはほぼこなし、しかもゆとりがあるとすれば、この人にはさらに新しい問題や新業務を与えてその負荷を重くする。B課長は十分に現在の仕事がこなせず、苦労していても結果は満足ではないとしたら、かれの仕事の一部を取り去り、負荷を軽くしたうえで再挑戦させる。それでうまく期待通りの状態になったら、さらにスパンを拡大するし、うまくいかねばさらに負荷を減らす。

プロジェクト組織で動く部門ならば、今までの実績によって、力があるなら逐次大きくて難しいプロジェクトの責任者とし、年功があっても実績が問題なら、やさしいプロジェクトや小さなプロジェクトにつけ、成功すれば荷の重いプロジェクト、それでもうまくなければさらに小さいものにつける。

仕事を十分にこなし、ゆとりを持つ人をそのままに放置すると、自己満足に陥る可能性があり、そのゆとりを活用してもっと多くの仕事を与えることは、生産性を上げる意味だけでなく、背伸びさせてキャパシティを強制的に大きくすることを意味する。できる人は、これでさらに育つ。

現在思ったようにいっていない状態の人は、その能力に対し負荷が重すぎるのであるから荷を軽くし、それで完全にこなしてもらい、達成感と自信を得させる。できなければさらにスパンを狭くする。

このオペレーションは、純粋に仕事に対する期待の充足度により、年功や経験年齢は考えないやり方が必要である。このようにすれば、できる人は自然に頭角をあらわす。

従来の組織に関する考え方は、時代の変化が激しいのにあまりにも硬直的な感が深い。経営上最も重要なことは、人の育成スピードを高めることであり、組織や分担は人を育てる手段とさえ割り切ることが必要である。日本の企業の業務分掌規程は欧米よりも包括的ではあるが、それでもこの負荷コントロールによる育成の障害となっている面が残っている。

しかし部長は、自己の権限内でいくらでもこれをやる余地を持つ。昔は若い人に思い切った重荷を与え、与えられた人は四苦八苦しながらも短期間に成長する例が、企業や官庁、軍隊などに多かった。しかし今は、組織の重層のなかで力量以下の仕事を与えられ、成長のチャンスを得られない人が多い傾向があるのではないか。

この問題をカバーするには、できそうな人に重荷を与え、克服したらさらにという連続アプローチ以外にない。これをいかに手際よくやれるか。それが部長級の人びとの腕というものであろう。

87 幹部専門職を戦力化せよ

——別扱いするな

最近では、部課長級に相当する幹部専門職が増えている。

職名としては、主査、主管、主任部員、部員、担当課長、専門課長、課長などさまざまだが、要するに、原則として固定した部下を持たず、自分の持つ専門能力によって会社に貢献する機能を持つ人びとである。

この種の制度は、研究所や技術部門には古くから発達し、また運営上もおおむねうまく機能しているということができる。しかし最近になってつくられた幹部専門職の場合、たとえば営業や主要スタッフ部門などは多少よいが、一般に十分に機能を発揮していない傾向があり、会社の戦力から脱落しているように見えることすらある。

こうしたことは、すべてその上司である幹部の責任に帰すべきことが多いように思われる。部下を持つ管理者とばかり接触して、幹部専門職との接触が少ない。専門職の人がうまく動けなくとも、そのために環境づくりをやるわけではなく、何をどうやったらよいかの指針もろくに示さず、別扱いの人と見ていては、うまく機能するはずはない。

これはきわめて大きな問題であり、幹部専門職を部下に持つ上級幹部は、根本的に考えを変えねばならない。まず必要なのは、幹部専門職一人ひとりとよく話し合い、成すべき仕事、本人の希望や志向をよく理解した上で、上級幹部自身が一人ひとりの新しい**職務設計**を行うことである。

どんな仕事をやってもらうかについては、これからの担当部門としての問題点、本人の持つ生かすべき長所、本人のやる気に与える影響、部門の協力関係などを総合的に検討し、担当部門によりよく貢献でき、かつ本人の能力や特性を最もうまく生かせる仕事を、フリーに考え決定する。

従来の業務分掌の概念では、個々の職務は会社が全体として決めていたため、幹部専門職にはその上司が、個人別に最もよい職務を自分で設計しなければならないことが、よく理解されていない傾向がある。これでは部長の資格がない。

よく相談して職務を設計し、動機づけを十分に行い、その上で部内全体にフォーマルに説明を要する。何をどのようにやってもらうか、それぞれの人はどのように協力してもらいたいかを明確に伝え、その後、実行過程での障害をうまく排除して成功させることに、ライン以上の注意と関心を払うべき性格のものである。

それは、幹部専門職には部下がなく、ライン以上の説得力や協力とりつけの能力を要するからだ。幹部専門職は、今後ますます増える。その人件費も大きい。上級幹部は、部下の幹部専門職全員を完全に業績に直結した存在と化し、またこれらの人びとが高い達成感と一体感をもって働けるようにする責任者である。

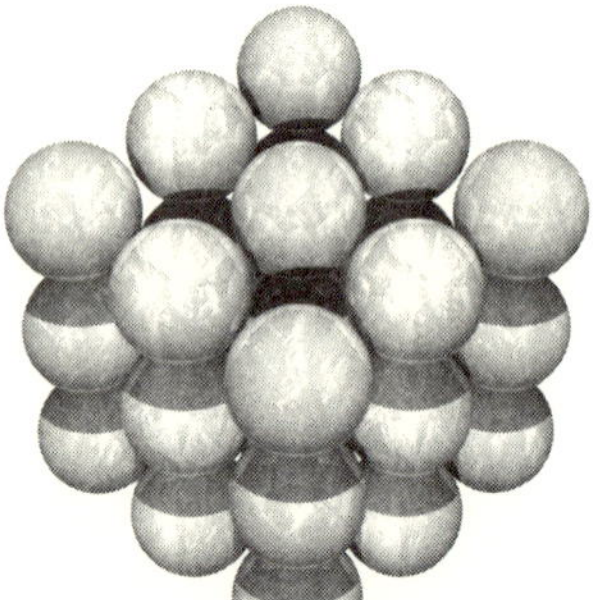

第8章

育て方のケーススタディ

ここまで、新人・中堅・役付き・管理者の四層に分け、
その育て方における留意事項を述べたが、
社内における人はますます多様化し、
これらをもって育て方のすべてを尽くすことは難しい。
この章では、
知識労働者、問題ある部下、中途入職者、年長の部下など、
指導者が最近比較的よくぶつかる育成問題のケースについて、
検討することにする。

88 指示でなく誘導せよ

——思考をゆさぶれ

ここで知識労働者というのは、研究員、技術者、デザイナー、記者、編集者、プロデューサー、医師、教師などの専門職の人びとを指す。

これらの人びとの部下としての共通的な特徴は、専門志向が強く、マネジメントの仕事を重視せず、かつ自意識が高くて通常の指示命令では動かず、些細な制約でもこれを嫌い、自由な活動を求める指向が強い点にある。

この傾向は必ずしもさきにあげた職種に限ったことでなく、各種企画調査スタッフなどにも同様な傾向がある。

知識労働の割合は今後ますます増え、またこれらの人びとが企業全体の生産性を支配する度合が強くなることから、知識労働者のマネジメントや育成は、きわめて重要な課題であるといえる。

知識労働者のマネジメントは、その自律性を重んじる部分が大きく、指示命令による部分が小さい点で、生産現場における直接作業員と対象的である。これは自我の要求が高いことから束縛を嫌い、指示命令型は暗黙の抵抗にあって実質効果が得られない傾向があり、これに代えて専門能力へのプライドによる自律性を重視し、望ましい方向へは暗示や誘導をもってする必要がある。

この方法の基本は、こちらからある言葉をぶつけ、討議することである。「自分はこう思うが、きみはどう考える？」とか、「これはどうなるかな」といった調子で、こちらから働きかける。このときは、自分が考えていることでもよいし、その逆でもよい。こちらから知的な刺激を与えて考えをゆさぶり、その反応を見、それを繰り返して発展させていく。

これは一見まだるっこしいように見えるが、知的操作を業とする人にはストレートな指示命令は特殊な場合以外禁物で、考えを刺激し、これをゆさぶりながら除々に望ましい方向に誘導するのが原則である。

職種によるマネジメントタイプの違い

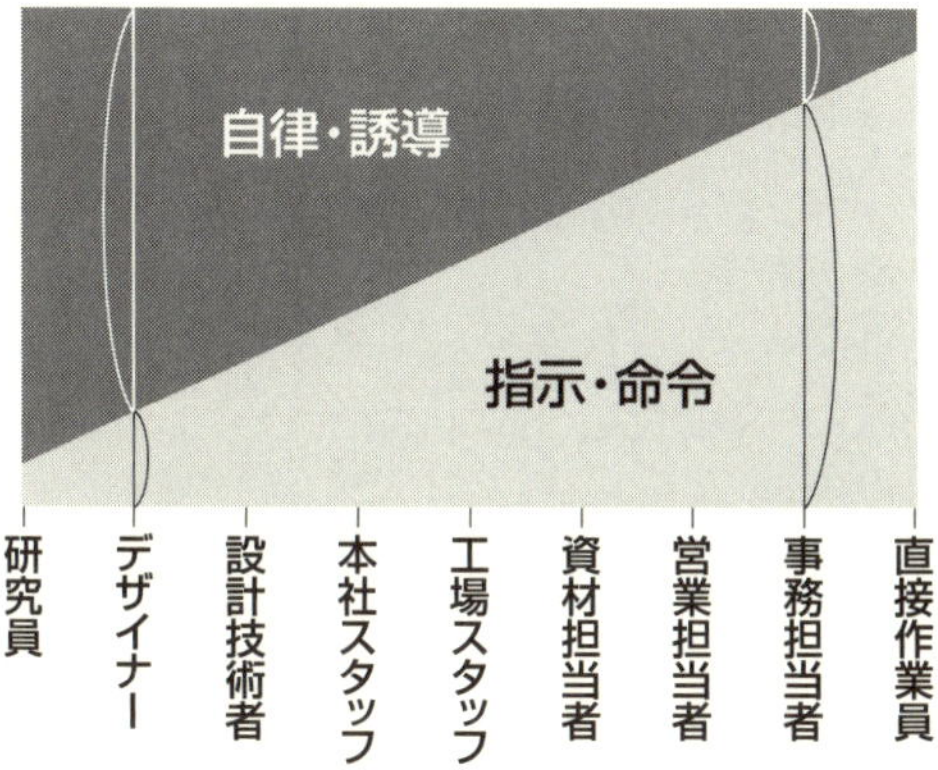

（注）これは職種の一般傾向を概念的に表示したものである

この方法は、当然時間がかかる。したがって、こうなってもらう必要があるなと思ったら、先行してアプローチがいる。途中でいら立ったり、短気を起こしたりというのは問題である。

このプロセスは、自律的にその方向へ動いてもらうための手続きであるとともに、同時に相手を教育し、考えを広げてもらう機会でもある。それが一般の場合に比べ、時間をかけてやらねばならない度合が強いのにすぎない。

89 「役立つ人」になれ——専門違いでも育てられる

知識労働者の育て方

知識労働者はもともと専門志向が強く、プロフェッショナルとしての自己の能力を自律的に高めようとする心を持つ人が多い。この意味では、能力向上のための基盤条件は、その他の職種よりはよく整っている。指導者の仕事は、この潜在的衝動をいかにスマートに開花させるかにある。

知識労働者は、一緒に仕事をし指導してくれ自分のプラスになると感じられる人は歓迎し、そうでない指導者は他人視する傾向がある。したがってこれらの人を育てようと思ったら、まず相手が**自分のためになる人**と考えてもらえる人物に指導者自身がなることが前提である。自分はかれに役立っているか、何をしたかという自己評価が大切である。

この意味で専門家《プロフェッショナル》の部下を指導する人は、部下と専門を同じくする先輩で、仕事の評価と指導のできる人が望ましいのはいうまでもない。育てるための条件としてはこれが一般に望ましいことであり、その情熱が相手の成長を輔《たす》ける。

しかし最近では、部下の方が自分よりも最新で高度の知識を持っていることも多くなってきている。この場合は当然、指導者がまず勉強して、少なくとも同等のレベルとなるよう努力しなければならないのは当然である。自力が劣っていては指導はできない。

ただし、専門知識は劣っていても「役立つ人」になる方法はいくらでもある。それは大きく、

指導することと、**環境づくり**に分かれる。

組織のなかで働く知識労働者は、専門知識のほかに、それを現実の場に適用する場合に必要なものの考え方や力量がいり、またチーム活動や人間関係に対する知恵が要る。これを指導することは先輩なら専門違いでも必ずできる。

環境づくりとは、要するに相手がやろうとしていることをやりやすくするように手を打つことである。それは相手の物理的な意味での働く環境条件を整えることから、組織上の障害を排除すること。

せっかく一生懸命やっているのにそのやる気をなくさせる上部や横からの「雑音」を排除し、守ってあげることまでいろいろある。知識労働者にはセンシティヴで、ときには些細なことに過敏にさえ見える人がいることに留意を要する。

知識労働者は自律成長力を持ち、仕事に打ち込むのに十分な環境をつくれば自然に成長する。この点で環境づくりは、育成そのものであるといえよう。

専門が違うから育てられないとか、知識が劣るから難しいという考え方は誤りで、要は相手に「役立つ人」になればよい。これが知識労働者を育てることである。

90 風土を変えよ——自然の波及効果を

知識労働者の育て方

知識労働者がチームとして働く場合、そのチームがかもし出す職場の雰囲気というものがいかなるものであるか。それが皆の成長を加速するようなものであるか否かによって、メンバーの成長速度は大きく左右される。これはどんな職場でもある程度同じではあるが、知識労働者の場合、とくに重要である。好ましい雰囲気とは、まず自分自身が向上しようとする意欲が強く、時間さえ働けばそれでよいというようなサラリーマン根性を持つ人がいないこと。知識労働者は工場労働者と違い、本質的には〝勤務時間〟の枠はない。

次に、創造を貴ぶ雰囲気。既成の概念や一般の風潮に追随して一種の安心を得ようという事大主義でなく、常に新しい発想や方法を生むことに高い誇りを感じ、またそのような行動を尊敬すること。日本人の集団主義は生産の場でこそ成功したが、自分が孤立することを恐れ大勢に順応する衝動は、知識労働においては最大の敵である。

第三には、貪欲《どんよく》に他のメンバーから吸収し、また互いに他の人に役立つ心。自分だけ力があり他には学ぶものがないような考え方や、自分のことだけを考える雰囲気は知識労働のもう一つの敵である。こうした相互刺激による成長をしようとする心が、結果的によいチームをつくりあげる。

好ましい職場の共通の価値観や行動には、ほかにもいろいろなものがあろうが、いずれにせよ指導者は、場の「空気」を重視せねばならない。好ましい空気があれば、皆は相互刺激により自動的に成長していく。

指導者は常に場の空気に注視し、望ましくない考え方や行動に対し、直ちに行動に出ること。全体の傾向として問題ではないかと考えられるようなものがあれば、できれば勤務場所を離れた場の集会において問題提起をやり、全員もしくは層別にディスカッションをしてもらい、方向づけをすることが望ましい。大衆は常に健全なものであり、そう結論が外れることは少ない。もし変な方向へいくとしたら、それは指導者自身が大きな問題をかかえている証拠である。

望ましい方向を持つ人に発言の機会を広げ、その力を発揮しやすくすること。不健全な考え方や生活習慣を持つ人に個別にアプローチしてよい方向に導くことは、ともに大切である。指導者自身がほかのことに気をとられているうちに、〝悪貨が良貨を駆逐〟しはじめることもあることに注意したい。

第三者の話をみんなで聞いたり、他を見学したりして、よいものに接し、討議することも重要である。自然のよい波及効果を、いかに上手につくっていくか。いずれにせよ指導者による長期の慎重な誘導の積み重ねが、優れた知識労働者を輩出する風土をつくるために、最も大切なことといえる。

91 改めて接触し直せ——何がかれをそうさせたか

問題のある人の育て方

〝あいつはダメだ〟とみんなから思われ、また指導者も同感せざるを得ないような部下がいる。担当している仕事がうまくいかない。ミスが多い。他の人に迷惑をかける。チームを組ませると相手がいやがる。やる気がない。自分で考えることをしない。かれのおかげで内部がかき回されるなど、理由はさまざまだ。要するに「問題児」である。

こうした人に対し〝しょうがないな〟と舌打ちするだけだったり、被害を最小限度に止めるよう隔離したりというのでは、指導者として適当ではない。6の項目で述べたある銀行支店の女性のように、誰でももともと、やる気は持っている。〝やつはダメ〟と決めつけることは簡単だが、それでは何にもならない。まずその人の可能性を信じ、これを何とかしてみようと決心するところからすべてははじまる。

そしてまず、自分で直接に接触し直し、かれもしくは彼女がいったい今、どんな状況にあるのか。なぜそうなったのか。本人は今、何を考えているのかといったことを、改めてつかみ直すことからはじめる。

一般的には、仕事を離れた環境で、じっくり二人きりで話を聞くのがよい。一杯やっても、お茶を飲んでも、一緒に遊びに行った先でも、自宅に呼んで御馳走しながらでもよい。とにかく仕事を離れた場所が必要。

そのうえで、指導者は徹底的に聞き役にまわり、仕事のこと、家庭のこと、スポーツや趣味のこと、親のこと、学校時代や故郷のことなど、何でもよいからこちらから引っ張り出して話を聞く。これは相手の今の全体像をつかむために必要なことである。人間にとって仕事の上で見せる顔は、一生の一部分でしかない。

このとき大切なのは、徹底して聞き上手になり、うまくあいづちを打ち、愉しく話すことのできる雰囲気をつくること。間違っても途中で相手の話の腰を折り、きみそこが問題なんだよとか、それはどうかななどと言ってはならぬ。これではしらけてしまい、あとの話が出なくなる。おかしいと思っても、全部一度、こちらはのみ込んでしまう。

話を聞く間にこちらがやらねばならないことは、今、相手がどんな心理状態にあるのか、なぜかれがそういう行動をするのかの原因や背景をつかむことである。これは知的な作業で、米国などではカウンセラーや心理専門家の仕事になっているが、日本の指導者は質が高く、これを十分にやれる人がそろっていると思う。

決めつけずに改めて接触し直すこと。これがダメだと思われている人に対し行わなければならない最初のアプローチである。

92 原因別に手を打て——効かねば次の手

問題のある人の育て方

人間というのはなかなか複雑な動物で、相手がまずい行動をする原因は単純なものではないことが多い。このメカニズムをみつけるのが指導者の仕事である。

ときには、話をじっくり聞くことによって、相手が胸につかえていたものを全部吐き出してしまったら、それでやる気が出てきたり、行動が変わったりすることもある。しかし大部分はそうはいかず、何らかのアクションをとらねばならないことになる。

まず、やる気がないように見える理由は、さまざまである。昔言われたことを根に持って、おれはここにいる限り浮かばれないと思い込んでいる場合もあるし、細かすぎる指示をいつも受けるため仕事が面白くなく、それで身が入らないこともある。

難しすぎる仕事を与えられ、完全に自分で全部をこなした経験がないため、自信が持てず消極的になっていることもあれば、仕事の基礎訓練を手をとってやってもらうチャンスがなく、それでうまくいかず自信がないというのもある。

組んでいる相棒がいやで顔を見たくないのが原因のこともあるし、昔の自分の失敗を過大に考え、自分で閉塞状態になっていることもある。原因は数限りなく、それぞれ個人のシチュエーションのなかに存在している。やる気でなく行動に問題がある場合でも、必ず何かの原因があるという点では、すべて同じだと言ってよい。何がかれをそうさせたのか？

原因をつきとめ、それにふさわしい手を打つ。仕事が過重で押しつぶされそうなら仕事の量を減らし、それでやらせてみる。難しすぎる仕事で自信がつかないのならば、もっとやさしい仕事を与え、やりとげさせて自信をつけ直す。基礎教育が不十分なら、もう一度誰かにつけてやり直させる。相棒がまずいのなら、組み合わせを変える。にらまれていると誤解しているのならかれの長所をほめ、信頼していることをはっきり示すなど。

こうしたことをやってみると、それが本人に効く場合と効かない場合とがある。

ここだなと思ってやってみて効かないのは、相手の本当のところがつかめていないことに起因する。あきらめずにいろいろと違う手を打っているうちにツボに当たり、好転することもあれば、そのうちに指導者が自分に関心を持って一生懸命になってくれていることに感応して、自然に変わっていくこともある。

いい状態になかった自分の部下を立ち直らせることは、指導者の仕事のなかで最も達成感の高いものの一つである。これは人がどのように見てくれるかは別として、最もやりがいのあるものだ。他人は認めてくれなくて十分。これは指導者自身が自分をどう評価するかが問題で、黙々と自分の信じることをやりたいものである。

93 転出は最後の手段——白紙で臨む環境づくり

まずいと思われている人をよみがえらせるとき、すべて自分が直接手を下さなくともよい。誰かに頼んでやってもらうのも重要な方法である。たとえばその相手と自分の年齢が離れ、なかなか気持ちがつかみにくいとか、あるいは気軽に話をしないおそれのあるときは、誰か年齢の近い先輩に旨を含めてやってもらい、その報告を聞いて手を打つというのもよくやることだ。

一般には、やる気は十分持っているが行動に問題があるタイプは、繰り返し注意をし、まずい点を一つずつ解決していけばよく、時間はかかってもその解決自体は比較的簡単である。

しかし消極的でやる気がなく、無気力でエネルギーそのものを感じさせられない人を何とかするのはもっと難しい。この場合には、まずやる気を出させ積極的にし、その状態のなかでまずい行動を直すことをやっていくという二段階戦法となる。

エネルギーを回復するには、要するに相手に自信をつけさせることである。もっとやさしい仕事につけ直し、独力でやらせてやり遂げさせ、ほめて自信をつけさせ、逐次難度の高い仕事に持っていくというやり方はよくとられる。勢いが出てきた段階で、一度に一つずつ矯正をはじめていく。

ちょっと問題の人がいると、すぐ他の部門へ転出させたがる人がいるが、これは指導者として妥当とはいえない。指導者は、程度の差こそあれ誰でも問題のある人をかかえており、これを分担して次代を育てる努力をしている。縁あって一緒になったのなら、自分の在任期間中に何とかしてみようというのが、指導者としての正しい態度だ。

その指導の手数を惜しんで自分だけ楽をし、それを他人に押しつけるというのは、いずれにせよいただけない。トランプのジョーカーではあるまいし、「ばば抜き」は困る。これは人間を仕事の道具視している証拠だといえよう。

しかし、いろいろ手を打ったがほかに方法がみつからなくなったとき、他の職場に変えるというのならば、指導者として一種の敗北には違いないけれども、決して許されないわけではない。事実、職場が変わったことを契機によくなった例もある。

これは一つの職場で問題とされる人は、みんなが自分をそう思っているだろうと自分が意識するために閉塞状態に陥り、動きがとれなくなっていたときの転出に多い。新しい職場で新しい仲間の眼が白紙であるため、自由に力を伸ばせるという面がある。

転出させるときには、受け入れる側の指導者が白紙の眼でかれに臨み、また職場内の人びとに前の職場でのかれに対する先入主を絶対に持ち込ませないことに留意を要する。出す方も受け入れる方も、興味本位で無責任な評判を立てる人を、完全に防遏《ぼうあつ》せねばならない。

94 まず働きやすくせよ——新人期間をいかに短縮するか

中途入職者の育て方

昔は、社員はすべて新卒採用、すでに社外で業歴のある人を中途で採用はしないという純血主義の会社が大企業には多かった。

しかし最近は逆に、中途採用をいっさいしない会社の方が少なくなりつつある。技術陣の強化のためにはそんなことは言っていられず、技術の複合化がこれを促進している面があるし、また経営環境の変化に機敏に対応するには、かつてのような完全純血主義よりも、多様な人材が要求されることが、この背景にあるようだ。

中途採用で新たに入社してきた人が自分の部門に配属されることは、珍しいことではなくなってきたが、こうした人に対しては、どう育てるかということの前に、どうやってかれを働きやすくし、早く社内で力を発揮させるかが、まず指導者の眼目である。

ふつう放置しておくと、中途入職者はすぐ自分の力を発揮できず、その「離陸」に相当長い時間がかかったり、あるいはみんなのなかに埋没して存在が不明確になったりする。この原因は、日本の会社では、社内で顔がきかないと仕事にならないという傾向がある。その人の能力がいかに優れていても、新参で関係箇所の協力を受けるべき人と親密でないと、実際には動きにくいからだ。

もっともこうした意味での抵抗度は、その会社によって異なる。成長が急速で中途採用者が圧倒的に多い会社では、一般に中途採用者の環境づくりに問題が少なく、純血度が高い場合抵抗が大きい。またこうしたことに関係なく、包容力の高い社内風土と、低いそれとが存在する。

総じていえば、中途採用者が早く力を発揮しにくい会社というのは、仕事の実質よりも別のことに価値を認める傾向を意味し、ときには能力不足の在来者が、能力ある新人に団結して抵抗するように見えることとすらある。これは上等な会社とはいえない。

社風がどうであるにせよ、中途新入者を部下に持った指導者の役割は、まず本人の性格や能力を知り、他の部下一般のかれに対する反応を計算して、早く仲間のなかに融け込ませるため、特別の注意と行動を必要とする。

全員が親しみを感じるよう上手に紹介し、組み合わせる相手を注意深く決め、本人には期待を述べて早く融け込むことを求め、また周囲の人にはよく協力して仕事ができやすいよう、みんなに指導者の立場ではっきり要望すること。

やりすぎて逆効果にならないよう注意するのはいうまでもないが、要するに最初に大切なことは、中途入職者に対する環境づくり。とにかく本人が早く力いっぱい仕事ができるよう、有形無形の障害を排除して、できるだけ早く新人扱いの期間を短縮してしまうことに尽きる。

95 基本動作を再チェックせよ——しつけ未了者あり

中途入職者の育て方

ある会社の設計部門で起こったことである。

新製品の設計に新たな技術者が必要となり、またメカトロ化のための需要もあって、この会社は大規模な募集をやり、スカウトも行って十五人の技術者を得、そのうちの二人が、その設計課に配属された。

いずれも三十代前半の人たちで、二人ともある中堅企業の出身者であった。わりあい早く周囲になじみ、仕事は順調なように見えた。中途採用者の受け入れはその課にとって最初の経験でもあり、気をつかっていた課長も安心した。

ところが半年ほどたって、年長の一人の評判がどうも悪い。話を聞くと、仕事はよくやるのだが指図をよく聞かず、連繫する部品との関係で何度かやり直しをさせた。ところがかれはそれが不満で、プロジェクト・リーダーと何回もやりあったという。

かれは担当の仕事について途中で全然他に相談せず、仕事に没入して自分の考え方でやってしまう。相当頑固で手数がかかるというのであった。

彼は結局、入社して一年が経過したとき退職届を出し、辞めていった。そしてもう一人の方も、とくに問題はなかったにもかかわらず、かれのあとを追うように退職した。

中途採用者の場合、指導者として注意すべき第二のことは、かれが組織人としての基本動作を完全にマスターしているかどうかを再チェックすることである。

中途採用者が前に在勤した会社はさまざまで、最初に入った会社で第4章で述べたような基本動作についてキチンとした訓練を受けていないことがしばしばある。それは実行報告や連絡、他との協力やエチケット、要を得た報告や文書の書き方などさまざまだが、こうした点でまずいことを放置しておくと、せっかく早く融け込まそうと努力しても、これが障害となってうまく進まないことが多いからだ。

要するに基本動作とは、他の人を働きやすくするための行動習慣である。問題だなと思ったら先手先手で注意し、早期に改めてのしつけを終わってしまうこと。むろんこれは一時に一つ。シリーズに逐次解決していく。指導担当者を必ず決め（これは新卒新人、中途採用新人にかかわらず共通の鉄則である）、その人によく旨を含めてやってもらうことも必要である。

業歴者のなかには、もともと能力はあるのだが新卒新人のときに適切な上司がいず基本動作に問題が残ったため、転職せざるを得なかった人も混じっていることが多い。問題があるとき指導者は、少なくとも基本動作に関する限りは、新卒新人として再度しつけをする責任がある。

96 学び合う風土づくり——新しい血を活用せよ

中途入職者の育て方

第三に大切なこと、それは中途入職の人が定着し、周囲との人間関係が固まっていくにつれ、かれ自身の持っているよいものをクローズアップしてみせ、これを他の人びとが見習うように持っていくことであろう。

人には必ず長所がある。そして中途入職の人びとの真の存在意義は、単に物理的な意味で戦力が一人増えたということでなく、その会社の従来の伝統になかった新しい血を組織のなかに導入することにある。異質の発想やセンス、違う能力や行動様式を持つ人が入ってくることによって相互の刺激を活発にし、また入ってきた方はよく伝統を学ぶ。こうした相互刺激と相互啓発によって、そこに好ましい雰囲気とレベルの向上を期することが大切だ。新しい人を旧来の伝統に対する「異物」と考え、単に従来の社風に早く染めあげ無難な存在にすればよいという発想は、この変化の時代にふさわしいものではない。融け込ませることと、染めあげることとは違う。

しかし「先住民族」のなかには、中途採用者を自分たちより一段低い存在とみなし、よい点があっても見習おうとはしない人もいる。これは全くおかしな考えであって、偶然早くその会社に入った人が、とくに偉いわけでも何でもない。こうした考えを持つ人がいたら、その考えを「爆撃」して破壊してしまうことが必要である。

こうした相互啓発がうまくいくか否かは、結局自分の担当部門内の風土が好ましいものであるかどうかによって決まる点も大きい。向上心に燃え、差別的先入観がなく、いいものなら何でも吸収し、互いに能力を伸ばそうという心が、人が育つ最も大きな基盤である。

もし中途入職者から学ぼうという心が起きないようであれば、指導者はこれを一つの契機として、内部の風土をどう変えるかという問題に対し、真剣に取り組まねばなるまい。

まず中途入職者の問題の前に、メンバーどうしの相互啓発意欲を高めるよう、この必要性を何度でも繰り返し強調することが望ましい。そして、これはいいと思う人の考え方ややり方を広げていくよう工夫する。自分がそれを称揚するのがいい場合もあれば、部下のなかでヨコに評判にさせるのがいい場合もある。要するに自分の職場に最も合っていそうな方法をとる。やっていることを互いに発表させる場を設定することも大切だ。

中途入職者をアピールするには、タイミングの工夫を要する。早すぎる時期にやると抵抗が生まれやすいため、ある程度慣れ、本人の活動を皆がある程度感じる段階でやるのが望ましい。一般には仲間からやらせる方が効果的である。

相互啓発による向上を重視し、中途入職者から学ぶ気持ちを上手に起こさせること。こうして仲間から認められることによってはじめて入ってきた人も燃えあがることになる。

年長の部下の育て方

97 意識過剰を捨てよ――気をつかいすぎるな

近ごろは、自分よりも年長の部下を持つことが珍しくなくなった。

昔はこのようなことはなく、部下はたいてい自分よりも若いものと決まっていて、仕事の指導や育成には何の抵抗もなかったのだが、最近は事情が変わってきている。

それでもその年長の部下が中途入職者で、自分の方が若くとも社歴は長いのなら、それほどの抵抗感はない。しかし自分より先に入社して働いてきた人に対してはどうしても抵抗感が出て、そうした人が配属されることをいやがる人がいる。また部下として配属されても、遠巻きにして当たらずさわらずという調子で、事実上放任してしまう人も多い。

しかしこれは大きな間違いで、年長であろうと年下であろうと部下は部下。全く同じように育成の責任があることはいうまでもない。

年長者を敬遠してしまう人は、管理者や監督者の職務というものを誤解している。それはその仕事が、組織のなかでの一つの役割分業にすぎないにもかかわらず、管理者監督者はあたかも、部下より人間的に上位で優れていなければならないかのような誤解である。

管理者や監督者は、部下の人びとが直接仕事を遂行することを専門としているのに対し、それらの人びとが働きやすい環境をつくり、みんなができないことを分業する人にすぎず、決して人間的落差によって人を動かすものではない。その行動はあくまでも組織内の分業として、自分が分担する役割にすぎないのである。

年長の人に対して遠慮し、当たらずさわらずにやろうというのはよくない。こちらが何か気をつかっていれば、それはすぐ相手に伝わる。その人の立場になって考えればすぐわかることであるが、これは仲間からの疎外感を増すいやな行動である。

年長者としての心くばりは忘れてはならないが、万事自然にふるまい、特別扱いをしないことが第一。こちらの意識過剰は相手の意識過剰を生み、これが悪循環を起こすことも珍しくない。

自分の仕事は、組織上の一つの役割としてやるのであって、それ以上のものでもそれ以下でもない。ましてこれは、自分が嫌いだとか気が進まないとかいうことで何もしなくてよいものではない。

立場上、比較的若いときから年長の部下を持つことになった人はときどきいるが、こうした人は、やっているうちに自然に抵抗感をなくして、別にとくに意識することがなくなっている。これは、時間経過とともに自然に慣れて消滅する性格のもののようである。

98 他力を使え——育成は十分できる

年長の部下の育て方

とくに意識をするわけではないが、年長の人を指導する責任はあっても、実際にそのようなことはやりにくいのではないかという考え方もある。しかしこれも間違っていると思う。

育てるアプローチには、直接に注意したり手をとって教えたりする**直接法**と、未経験の仕事を担当してもらったり、組む人を選んだりして自然に変わるようにする**間接法**があることは前に述べた。このうちで直接法はちょっとやりにくい場合が多いかもしれない。しかし間接法は、誰にでも立派にやれる。

典型的なのは、その人に未経験の仕事を新たに担当してもらい、仕事をやりやすいような環境づくりとバックアップをやって成功させ、その人が自信の持てる範囲を逐次広げていく方法である。それには状況を話し、ぜひ引き受けてもらうよう頼む。質的に高い仕事でなくとも、現在の仕事より高い目標に挑戦するようにしてもらうのもよい方法である。その人に問題があるとき、組んでもらう相手をうまく考えて決めるやり方もある。要するに**間接法**とは、しかけを工夫して自然に望ましい方向へ動いてもらうアプローチであるが、これにはいろいろな方法がある。

直接に注意をしたりしつけをしたりするやり方は、年長者に対してはやりにくいことが多いが、たとえばその人が全体に対しまずい影響を与えるようなことをしたり、他の人に迷惑をかけたりする行為については、自分の役割としてははっきり言わなければならないのは当然である。こうした状況をやりにくいからといって放置しておくと、他のメンバーからの不信感を受けることになることは、よく知っていなくてはならない。

こうしたことがやりにくいというのは、全部自分だけの力でやろうと考えるからだ。「自分一人では」できないのならば、では誰に頼み、誰から注意してもらったらよいかと考えるのが定石である。かれに近い先輩とか、かつてのかれの上司とか、よく考えてみれば、いろいろあるはずである。

影響力のありそうな人をさがし、その人に事情を詳しく話して頼む。上司や先輩は、自分が困ったときに役立ってもらうために存在する。これは人間に関する問題のときでなく、仕事上の問題でも全く同じである。

もっともこの場合は、自分がその人に対し何の努力もせずに頼むのは説得力に欠ける点がある。やはり、やるべきことをやり、その上で頼むのがよいであろう。

年上の部下でも、育てる責任は厳然として存在する。間接法アプローチは常に可能であり、直接法がやりにくければ他の人に頼んでやる。こう考えれば年長であろうとなかろうと同じであり、遠巻きにしてかげでブツブツ言うといったことは絶対にやってはならない。

99 「定年差別」をやめよ——放り出し厳禁

年長の部下の育て方

ある経営者は、こう言っている。

「人間の本当の姿は、定年近くなってからあらわれるものですよ。四十代ではわからないが、五十代の半ばになって定年が近づくと、最後まで仕事に真剣な人と、手を抜きはじめる人とが出てくる。終わりが大事で、それでこちらも考えるんですがね」

定年近い人を部下に持ったとき、やる気がさっぱりなくなり、これが内部にも悪い影響を与えて困ることがある。これには同情すべき点がないわけではない。

しかし人間、大事なのは終わりのところだ。何といっても若い人にとっては先輩で、仕事上の模範を示さねばならない立場にある。このような人がまずい雰囲気をつくってくれては困る。

最初に述べた経営者は、五十五歳を過ぎてからの働きぶりを見て、関係会社で働いてもらう、嘱託で残ってもらう、定年で退職してもらう、の仕分けをすると言っていた。あとは長いことないからといって本音《ほんね》が出るようでは、過去の貢献までも疑われかねない。人間としては本当に、最後のところが大切である。自分の部下のなかで定年近い人に対しては、とくによくその働きぶりを注意深く観察している必要がある。そしてどうも意欲がなくなってきたように見える人に対しては、指導者は「終わりが大事」であることをよく話し、納得してもらって、皆の模範として十分なように働いてもらえるようしむける必要がある。

自分ではなかなか言いにくいような立場であるなら、誰に話してもらえばよいかをよく考え、その人に頼んでやってもらう。そしてその結果をフォローする。

仕事の面でも、定年が近い人ということで何か皆と違うような閑職につけたりするのはよくない。そんなことをするから、そうでなくても落ちそうな意欲がますます落ちる。今の五十代末は昔の四十代くらいで働き盛り。人生経験も十分で、働く意欲さえあれば相当難しいことでもやってくれる。「定年差別」は絶対によくない。

人にもよるが、一般的には外部との交渉ごとなど世間知が必要な仕事や、その人の持っている個性や技能をフルに生かした仕事がよい。眼や耳や体力などは、たしかに傾向的には低くなりはするが、それよりも個人差の方が大きく、年をとっているからと、十把《じっぱ》ひとからげの態度はよくないし、長年会社に尽くしてくれたその人に対しても失礼である。定年の日まで若い連中と一体感をもって働き、充足感が得られ、また戦力としても落ちないようにするには何をやってもらったらよいか。これが指導者の知恵のしぼりどころだ。

定年差別は絶対にやめよ。先入観をもって人を見るな。どうやったら定年の日までいきいきと働いてもらえるかに工夫をこらすこと。

100 組織に永遠の生命《いのち》を残せ——評価は度外視

会社には毎年新しく人が入り、いろいろな職場でいろいろな役割を演じ、そして会社を去っていく。人は去るが会社は残り、社会のなかでその生命を燃やし続ける。

長い年月のなかで生き続ける会社自体も、内容や構造が変わり、自分が心血を注いでやったことも、いつかはかすかなものとなってしまう。われわれがその生涯を捧げる会社での働きも、思えばはかないものであるといえる。

しかしわれわれには、一つだけ会社に残すことができるものがある。それは後輩を育て、人を残すことである。

人・物・金《かね》が経営の基本要素だという考え方がある。しかしこの考えはどうやらうさんくさい。人は物や金と等しく対置され、経営の手段の一つにすぎないと考えてよいのであろうか。

経営は、人のためにこそある。そして人の能力が高ければ、物も金も自在に創造することができる。現代の経営は研究開発力、マーケティング能力、品質・生産性の継続向上能力など広汎な各種能力と、これを統合する力を必要とするが、これらはすべて人の力によって生まれるものである。

われわれが生涯働く会社には、自分が去っても残るものがあってほしい。そこで自分が働いた証《あかし》を求めるのは自然な感情である。会社での長年の生活が、単に生活の質を得て妻子を養うためだけに終わるのでは、寂しい限りといえよう。

人を育てることは、会社のなかに、自分の永遠の生命を残すことである。われわれは共同して次の世代を育て、次の世代は同じことを繰り返すことによって、自分の払った育成の努力は、長く引き継がれていく。

人を育てることは、自分の生命を組織に植え込むことであると同時に、最もやりがいがあり、そして愉しいことである。

これは若いときにはそれほどの実感はなく、ある程度経験を積むにつれ深く感じられるようになる傾向があるが、みんなから見放された人物が一人前の働きをするようになったとき、相手の発想や行動が変わったなと確認できたとき、育てた人が組織を躍進させる大きな仕事を成しとげたときなどの喜びは、何ものにも替えがたいものがある。

人を育てることは長期の地味な努力を意味し、またその成果は人が常に評価してくれるとは限らない性格のものである。しかし人の評価は問題ではない。問題は、自分が会社に何を残したかにある。

自己の信念に基づき、認められるか否かは度外視し、組織のなかに自分の生命を残す。これが人を育てることの本質であろう。

■あとがき

ここに述べた一〇〇の項目は、私が仕事でお会いした、経営幹部の方々から得たものを、私自身の育成経験に照らして整理したものである。お世話になった方々に、心から御礼を申し上げたい。

本書の内容はいずれも、ある程度経験を積んだ方は誰でも知っていることばかりのはずである。しかし、知っていることと、それを実行することはまた別のもので、育成に関することはとくに、知識と実行との間に大きな乖離を生じやすいことに注意を要しよう。

組織運営上の諸問題は、すべて実行の結果によって評価されるものであり、実行しなければそれを知らないと同じことになる。お読みいただいて同感のものは、確実に実行していただき、異論のあるものは実行の結果に従い、それを自分の流儀に組み入れていただきたい。

人を育てるのに必要な考え方や方法、行動は無数に存在し、本書はそのうち、私の価値観で重要と考えたものを、集録したにすぎない。大切なのは、みずから編み出した考え方、方法である。本書が読者の考えを創るために、触媒の役目を果たすことができれば、これに過ぎる幸いはない。

本書は、はじめＰＨＰ研究所によって刊行された。同所のご尽力によって版を重ねたものを、このたび日本能率協会マネジメントセンターが、私の主要著書を「マネジメントの基本選書」として改定出版するにあたり、このシリーズへの収録を了解して頂き、実現の運びとなったものである。ＰＨＰ研究所のご厚意に対し、厚く御礼申し上げたい。

二〇〇五年一二月

畠山芳雄

本書は、一九八四年にＰＨＰ研究所より出版された『人を育てる一〇〇の鉄則』に、著者自らが加筆・修正を加えて刊行したものです。

著者紹介●

畠　山　芳　雄（はたけやま　よしお）

1924年、北海道帯広生まれ。

1949年、社団法人日本能率協会に入り、経営コンサルタント、幹部教育リーダーとして多数の企業、公社、公団などの調査、勧告、教育に当たる。専門は経営調査、幹部能力開発。

同協会理事長、副会長、顧問を歴任。2014年逝去。

著書●

『マネジャー・どう行動すべきか』

『役員・いかにあるべきか』

『こんな幹部は辞表を書け（正・続・続々）』

『新装版　サービスの品質とは何か』

『新版　部長・何を成すべきか』

（いずれも日本能率協会マネジメントセンター刊）ほか、多数。

［マネジメントの基本］選書
人を育てる一〇〇の鉄則

2006年2月1日　　初版第1刷発行
2022年7月5日　　　　第8刷発行

著　者 —— 畠山芳雄　　
発行者 —— 張　士洛
発行所 —— 日本能率協会マネジメントセンター

〒103-6009 東京都中央区日本橋2-7-1　東京日本橋タワー
TEL　03（6362）4339（編集）／03（6362）4558（販売）
FAX　03（3272）8128（編集）／03（3272）8127（販売）
https://www.jmam.co.jp/

装　丁——倉田明典
本文DTP—有限会社タイプフェイス
印刷所——シナノ書籍印刷株式会社
製本所——株式会社三森製本所

ISBN978-4-8207-1664-8 C2034
落丁・乱丁はおとりかえします。
PRINTED IN JAPAN